U0053924

航空 （第二版）
運輸實務

The Practice of
Air Transport Management

蘇宏義◎著

再版序

　　一般而言，知識性的專業書籍比較難吸引廣大讀者的興趣，筆者2013年3月拙著《航空運輸實務》一書這一門也是一樣。當今坊間與航空運輸相關的著作不少，都是一時之選，然能窺航空運輸全貌的不多。如今，航空運輸已成為人類生活中不可或缺的一環，如何把航空運輸的一些基本實務撰寫成書，就教讀者並融入生活當中，是本書寫作的方向。

　　航空運輸包羅萬象，各項實務都有專精。拙著是筆者繼1979年出版的《空運學原理》後的四十年航空運輸經驗總整理。本書所稱的實務並非指如何駕駛飛機、如何修理飛機、如何管制飛機等技能，這些專精的技能都要經過專業的訓練，並取得執照才可執業。本書著重於航空公司的設立、規劃與經營的實務。對於航權的爭取、航線的規劃、飛機的取得、航線／航班的安排、航空客／貨運輸、航空服務、飛航安全、機場、航空法規，以及海峽兩岸如何共同發展兩岸航空運輸等，多所論述。

　　由於筆者多年在航空運輸領域工作的緣故，在2013年未退休前與媒體互動頻繁，交通新聞媒體的專訪不斷；接受過《遠見雜誌》有關航空運輸服務的專訪及兩岸論壇的與談人；常接受《旅報》、《旅奇》及《旅遊界》等旅遊雜誌的採訪。曾在台灣海大及台北海院擔任航空運輸的兼任講師，不定時去交大、成大、逢甲、東吳、開南、高雄海院及台科大等學校演講與航空運輸相關的專題，累積不少經驗。因此，本書是個人工作經驗的總結，採演講式的寫法，少列法規條文與參考文獻，也不列統計表，目的在引起讀者的興趣，期待激發更多的朋友對航空運輸做出貢獻。

　　由於航空運輸已是當今生活所需，不料自2019年底就有Covid-19疫情的發現，至今幾乎遍布全球，各國相繼採取保護措施，發布加強有關邊境管制的檢疫措施，甚至採取強制隔離的作法，影響所及，必要的商務旅行

改以視訊為之，觀光旅遊幾乎停擺，航空公司客運的營收減少不談，組員（crew）的可排班時間被縮減，成本增加了，財務狀況勢必每況愈下，倒閉重整的不在話下。

除了各國政府努力研發疫苗阻止病毒擴散之外，航空業者也努力開發可開發的市場，對不受疫情影響的貨運加開貨機班次，甚至拆除客機的旅客座椅，改裝載較輕的貨物如口罩等。

拙著的每一個章節都是航空運輸的重點，因篇幅所限，只畫龍點睛。茲因拙著自2013年發行迄今已八年多，而於2019年有空勤組員的大罷工，一時擾亂台灣的民航運輸；加上2020年有嚴重新冠肺炎Covid-19的蔓延，對全球航空運輸產生巨大的衝擊，已經到必須再版補充的時候了。當然，重要的民航法規也因事實的需要做了修正；其他有關統計數據等參考資料也常會變動，故於書中就不列出，請讀者自行上網查閱。

航空運輸是既傳統又先進的行業，筆者僅就所知撰述，不足之處，在所難免，尚請前輩先進不吝賜教，無任感銘！

蘇宏義

2022年3月

目　錄

 Chapter 14　航空與觀光／簽證　255

 Chapter 15　航空運輸相關產業　259

 Chapter 16　海峽兩岸空運航線　265

Chapter 1

緒 論

第一節　航空的魅力

　　「造飛機，造飛機，來到青草地，蹲下來，蹲下來，我做推進器，蹲下去，蹲下去，你做飛機翼，彎著腰，彎著腰，飛機做得奇，飛上去，飛上去，飛到白雲裡。」這一首〈造飛機〉的兒歌大家都會唱，可見「飛」幾乎是每一個人從小就有的夢想。有夢最美。此一美夢終於在1903年成真了。

　　如今雖然人類都已經到了月球，甚至也有去月球的旅行安排，但飛行傘、滑翔翼、熱氣球等只能把人帶到空中翱翔的遊樂活動，不但未見消退，而且越來越風行，「飛」的魅力還是不減。

人們藉由各種休閒活動體驗飛行的樂趣

圖片來源：右圖由長榮航空提供

　　航空運輸與飛息息相關，難怪航空公司每次招募新人如飛行、空服、機場、維修、訂位、票務、運務及營業等人員的徵才履歷資料中，我們發現幾乎所有報考考生都在自傳中寫著「喜歡飛上藍天白雲」；到了進行面試的時候，問起為何來應考，每一位考生也都回答「喜歡飛行，喜歡旅行」，而且報考的人數一次比一次多，競爭跟著也越來越激烈，相關的補習班也有逐漸增加的趨勢。

　　台灣在2014年興起廉價航空公司的風潮，新成立的廉價航空公司可能為了節省空服員的訓練時間或者是創造話題，也有招募已經退休的空服員。據2014年4月22日《工商時報》報導，台灣新成立的虎航在招募的空服員考生中，就有當媽媽的前空服員也報考，雖然錄取率只有1.16%，但報考的人數之多超乎想像，足見飛的魅力。

　　有很多人想到航空公司工作，除了航空公司會給人翱翔萬里的深刻印象外，也有不少人心理上可能認為在航空公司上班是高人一等，尤其是穿了飛行員和空服員的制服時，也會認為不只外人會欣賞他們，連他們自己也都覺得驕傲，難怪走起路來都雄糾糾氣昂昂，好不威風！

　　有些空服員甚至連上下班的路途中也捨不得換上便裝來輕鬆一下，直到曾經發生一些招蜂引蝶的麻煩以後，才有航空公司規定制服只能夠在工作的時候穿。如果讓員工可穿制服上下班的公司則會提供上下班的接送，以保障員工的安全。所以真正的空勤人員是不會在沒有上班的時間穿著制服到處跑，更不可能穿著制服上餐廳，尤其是去酒吧。所以我們可以大膽地假設，穿空勤制服到酒吧的都不是空勤人員。

　　飛行員的制服是國際上的制式服裝，不會有變化，空服員的制服比較花俏，也是吸引年輕朋友報考的原因之一。航空公司對於空服員的服裝比較不惜成本，除了會請知名的服裝設計師設計外，通常幾年後會有新的服裝出現，而且每家公司的服裝都各有特色。也因為如此，除了在天上的空勤人員要穿制服外，為了提升航空公司的形象與能見度，各航空公司也紛紛改變在地面所有第一線接觸旅客職員的工作服裝。如票務櫃檯及在機

場辦理旅客登記劃位／貴賓室服務／在機下的機務檢修／裝卸行李貨物等人員，也都要穿上不同的制服，以彰顯各公司的團隊向心力，尤其是女性地勤人員都紛紛改穿與空服人員一樣的制服，如果不去看左胸前飛行標章（空服員才有），還真難分辨是地勤還是空勤人員，聽聞地勤人員自從穿了空服員的制服上班以後，工作更愉快，服務也變得更有笑容。所以穿航空公司制服的空服員，乃至於掛著機場通行證的地勤人員，都會是令人羨慕的對象。

我們在機場常常會發現有些旅客的行李箱外面貼了許許多多航空公司的貼紙，有些連託運行李的目的地掛籤（tag，如下圖）都捨不得拆掉，甚至掛到下一次出國時還在，這樣的行李很容易被送錯地方（尤其現在都用電腦分檢託運行李），所以航空公司都會拆掉，以防送錯地方。不過由此可見人們對航空的喜愛。

以上種種現象，足以說明航空公司在提供快速運輸的同時，有其歷久

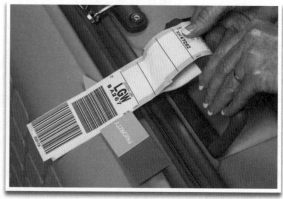

許多旅客捨不得拆掉託運行李的掛籤

圖片來源：長榮航空提供

不衰的時髦性，也在國際舞台上扮演很重要的角色。難怪航空事業會使人著迷，令人喜愛，領先群雄。到現在，在人們的心目中，參與航空產業仍然是許多新鮮人所追求的。飛行員，不論是駕駛民航機或是軍機，都是受大家所敬重和羨慕的工作，也因此，女性的飛行員也越來越多，駕駛飛機已經不再是男性的專利。

「航空運輸」因有如此的魅力，也難怪有不少人想開航空公司，認為當航空公司的老闆「好像」又比在航空公司上班的人威風；在英國以唱片起家的年輕老闆布朗森（Richard Branson）也因喜愛航空，於1984年創辦了維京大西洋航空公司（Virgin Atlantic Airline）。他同時也熱愛與飛行有關的活動，他曾駕駛熱氣球飛渡英吉利海峽。據台灣中廣新聞（2013/5/11）報導，他和同業朋友曾經針對一級方程式賽車的結果打賭，結果賭輸了，他按照打賭的承諾——如果賭輸了去當空服員——真的去當了一次從澳洲伯斯（Perth）飛到吉隆坡的空服員。《經濟日報》（2014/2/12）也透漏，他在同年2月10日表示，他旗下的合資事業——維京銀河（Galactic），將帶著第一批旅客登上太空，他也要參加。

 ## 第二節　飛機的發明到航空展覽

人類從1903年萊特兄弟駕駛自己發明重於空氣的飛機完成載人的飛行起，飛機就在一些熱愛飛行的夥伴的努力研發下，逐漸地飛更遠，載更多；可以飛過英吉利海峽，也可以從紐約飛越大西洋到巴黎，到了1939年，又有噴射飛機（裝噴射引擎）的發明。正因航空工業的持續發展，使得航空運輸也跟著突飛猛進，一日千里，而且至今仍不間斷，已有火箭及人造衛星的發明，把人類帶入太空。

既然飛機這麼引人入勝，喜愛飛機的航空迷也就越來越多，久而久之，自然而然地有為飛機（航空）熱愛者提供短暫的聚會場所，我們稱這

個聚會的場所為航空產品的博覽會（air show），一般簡稱為航展或航空展覽，在航展期間會展示各種飛機，經由專家們的相互切磋航空經驗，創造出更多商機。

航展是先由工業先進國家舉辦，也由主辦國家直接以辦理的地方取名，這種活動對航空工業的發展有很大的幫助，也有深遠的影響，是航空產業的一大盛事。因此，從1909年在巴黎首開的「巴黎航空展」後，幾乎每一年都辦，到1924年以後定為每兩年一次，逢單數年初夏舉行。在每一次的航空展都有新的飛機出現，我們可以看到新型飛機的展示飛行，以及目睹飛行員精湛的飛行技巧，同時也能觀賞古董機不甘示弱的表演。後來由於世界大戰的原因，巴黎的航空展演變成為法國飛機製造商的戰鬥機產品及爭奪軍事訂單的展示場。

世界著名的航空展，除了巴黎航空展外，還有英國皇家空軍的「皇家空軍航空展」。在二次世界大戰後又有軍機展，德國在東西德統一後也有柏林航空展，還有莫斯科航空展等（詳2013/6/17《青年日報》6-1/3版）。到今天，世界的航空展已有一百年的歷史了。有了這樣的活動，更刺激了航空器的日新月異，也使得航空產業在短短一百多年就有今天如此驚人的成果。

 第三節　航空運輸的發展與航空公司的甘苦

一、航空運輸的發展

「行」是人類生活中與食、衣、住一樣重要的基本需求。人類的「腳」是我們的祖先給我們「行」的最原始、也不能沒有的工具（本能）。因為人類懶得走遠路，也實在太聰明了，才想到利用牛、馬、駱駝等獸類來當運輸工具，又因為人類看到牛、馬、駱駝也是有生命的動物，憐憫加

上求快的心理，促使人類去發明火車、汽車以及輪船，使得人類才有更遠的「行」，才方便離開所居住的地方／國家，到另外一個很遠的地方／國家，也是我們在台灣所說的「出國」。

飛機的發明是人類飛的夢想的實現，飛機的日新月異更是給人類帶來更頻繁、更緊密的接觸，可以翻山越嶺、橫越海洋，成為現代人類生活不可或缺的運輸工具。

可能因為是在台灣出生長大的緣故，台灣同胞認為出國一定要搭飛機，其實是不一定的，因為出國除了飛機外，還有輪船、汽車、火車可以搭乘。像在歐美大陸，利用公路、鐵路、船舶出國的人比比皆是，甚至連游泳都有「可能」（因為以河川為國界，共用一條河！）。台灣因為四面環海，而且台灣海峽的海象差，客船運輸並不盛行，飛機是最快、最省時的選擇，不要說是出國，就算去台灣離島的澎湖、金門和馬祖，也大都是搭飛機。

從能載人的飛機到今天，也只不過是一百多年的事，而真正發展大量用在民用航空運輸上，則是第二次世界大戰以後的事。蒸氣火車剛問世的時候，沒有人敢搭，要請人免費試乘，都不見得有人賞光，甚至要送紀念品才會有先行者；飛機在剛剛發展到可以載人的時期，因為沒見過飛機，對飛機更沒信心，甚至視同鬼神。在天空飛，又高又快，萬一掉下來，後果一定非常嚴重，連要免費請人搭乘都很困難，更不要說付錢買票搭乘。

台灣中央社新聞網（2013/12/31）報導，在飛機發明十年後的1914年元旦，美國前聖彼得堡市長Abram Pheil以美金400元的拍賣票價搭乘了二十三分鐘航程的飛機，成了全球第一位付費搭乘飛機的乘客。

可是因為飛機的快速不是其他運輸工具所能相提並論，在能節省時間的引誘下，終究會有越多不怕的人來嘗試。還好，也因人類是聰明的，藉由科技的研究發展，飛機的安全性越來越高，人類對飛機也越來越有信心，敢搭的人也就慢慢多了起來。也因為飛機的安全性是所有運輸工具中最高的，形成人類生活中不可或缺的交通工具。到了今天，因為沒有一種

交通工具會比飛機快，大家口袋裡的錢也變多了，只要談到出國或是比較長途的旅行，搭飛機是首選。越多人搭飛機，航空公司就會添購飛機，或由小的飛機換成大的飛機，生意就越來越興隆。

根據國際航空運輸協會（IATA）的統計，在2004年時全球共有約19億人次搭乘飛機，每年人數都在成長，至2011年時已有約28億人次搭乘飛機，2017年時已超過40億人次，至2019已超過47億人次，達到最高峰。後因新冠肺炎疫情蔓延，2020年跌至約18億人次，2021年則增加至約28億人次，但仍與高峰時相差甚多。當新冠疫情逐漸趨緩，各種搭機防疫規定漸漸放寬，搭機人數應會逐漸回升。若是以區域劃分，亞太地區航空公司的載客量位居榜首，第二名為歐洲地區，第三名為北美地區。

天空上飛行的飛機從衛星上看下來有如螢火蟲，密密麻麻的，真是不敢想像！我們也懷疑：如果飛機都不飛，機場是不是足夠飛機停放？除此之外，也因為航太工業的發達，以及工商業的蓬勃發展，私人飛機或商務用的飛機也越來越多，擁有飛機已經成為當今社會名流凸顯身分地位的象徵。

二、航空公司的甘苦

運輸的產品是看不到也摸不到，也不能儲存的「東西」。乘坐運輸工具不同於買吃的、穿的、用的等實體的東西，往往客人會認為沒有拿到或擁有「東西」的感覺，有時候還會開玩笑說，汽車、火車、輪船、飛機都只是坐著而已，還要給錢，太不划算！更不會有「消費者剩餘」的滿足，除非不得已才會買票搭乘交通工具。航空運輸是既傳統又先進的行業，是所有運輸工具中最快速的。為了時效，航空市場的需求雖有增無減，但航空運輸在運輸本業的投資報酬率是所有運輸企業最低的，連要達到合理報酬率都不容易。

✈航空公司的黃金期已過

在60年代，航空市場是一位難求，不但機票貴，要買一張機票也不容易，所以航空公司的銷售人員不需要出去挨家挨戶按鈴銷售，頂多約「客戶」喝喝咖啡就有生意，對依賴航空公司的旅行社和貨運代理而言，航空公司是居於領導地位。

然而好景不常，大約到了90年代後，機位的供給已經大過市場的成長，整體航空運輸的供給大於需求，航空市場開始有競爭，航空公司不能再當老大了。市場要去開發，營業人員倒過來要去拜訪客戶。沒有網路或網路還不發達的時期，找客戶是從電話開始，因此，五、六十年前的電話簿都有專為工商業刊登的黃頁廣告電話（yellow page刊登是要付費的），行銷的動作就從電話開始。所以公司行號都很重視電話禮貌和說話要領，以免因電話處理不當而丟了生意。航空公司發現，打電話來的人大部分是問航班、價錢和機位，很少馬上買票，所以又設立了客服中心（call center）將來電分流，由專人服務。

✈航空公司的罩門──「旅客永遠是對的」？

人的慾望是永無止境的，但是好像顧客對於服務業的要求比較高，對航空公司更為明顯，尤其在台灣寶島，只要對航空公司的服務有所不滿，所採取的手段好像會比較激烈。大約在1992年左右，台灣的乘客如對所乘坐的航空公司不滿意或有糾紛的時候，曾經有到了目的地（尤其是回到台灣）拒絕下機的集體行動，我們稱此動作為「霸機」，一時也成為國際矚目的焦點。事情也延燒到美國。

在1993年2月的中美航空協商時，美方代表在談判一開始就先提出希望台灣方面要正視「霸機」的問題並避免發生，因為「霸機」會影響航空公

司的飛機調度，也會影響其他旅客的行程，引起台灣政府的高度重視，通過立法，賦予警察機關對於霸機者有強制處理的權利。從此以後，在台灣霸機的行動就有所收斂，無奈霸機的風氣已經流傳到中國大陸，也讓大陸民航機關頭痛，幸好有台灣的「經驗」，解決了大陸的霸機風潮。

很多案件如果大家都能心平氣和開誠布公地就事論事，衝突或許不會發生，至少受害的程度可以減少。如果可歸責於航空公司的原因，航空公司當然責無旁貸，負起責任解決。颱風是不可抗力的天災，而偏偏台灣的颱風又特別多，幾乎每年都有颱風造訪，在颱風期間關閉機場時有所聞，導致航班無法如預期降落台灣，必須轉降到其他鄰近不受颱風影響的機場，如琉球、香港、馬尼拉等，這種臨時的轉降對乘客的服務不比平常，如該要轉降的機場不是該航空公司有飛的航點，沒有派駐的人員，人生地不熟，要安排如此臨時且急迫的食、住、交通等問題，更不是一件容易的事，要做到讓每一位旅客都滿意更是困難，例如等候來接車輛的時間太久、住宿飯店不好或不能住在同一家等等，都是情非得已，旅客如能體諒航空公司也是無辜的受害者，但還都竭盡所能，儘量把旅客的不便程度降到最低，把吃苦當作吃補，航空公司也會感激不盡！

颱風過後，飛機還要再（加油）將旅客送回原來的目的地不說，如果飛行員超過規定的工作時數，還要請求總公司另派飛行員來飛，這些都是小事，航空公司最怕遇到情緒比較激動的客人，他們會認為是比較弱勢的消費者，社會是同情弱者的，而航空公司是強者，應該會為顧及公司的名譽而忍氣吞聲，深怕旅客向媒體爆料，尤其當今台灣幾乎是人手一機（手機），PO給媒體是輕而易舉的事。媒體的負面報導一定有損航空公司的形象，航空公司當然很在意。

所以說航空公司只在飛機及機場等硬體的服務上去下功夫是不夠的，硬體簡單，只要捨得花錢，軟體則不然，它才是服務好壞的關鍵，是不能忽略的，它要靠員工去思考與落實。員工是人，凡「事」一碰到「人」就不是那麼容易，可是事情沒有人去做又不行的。人，除了訓練與管理外，還

是訓練與管理。

　　航空運輸業除了要有「沒有安全就沒有服務」理念的同時，也要做好服務，首先要知道旅客的需要是什麼，最好能先預知旅客的需要，要有走在旅客前面的創新服務（轉載《旅報·創新服務篇》（Vol., 707）採訪報導於，可參考**附錄二**）。

✈一種米養百種人

　　相逢就是有緣，航空公司要以客為尊。俗話也常說「顧客至上」或是「客人永遠是對的」。的確，如果以做生意的立場來看是對的，但如果再進一步探討，客人「永遠是對的」嗎？可能就會出現不一樣的答案。俗話說：「一種米養百種人」，連球場的桿弟也進一步說：「當今的社會，一種米不只養百種人，可能養了千種萬種人都有。」的確是什麼樣的人都有。曾有一位從台灣帶旅行團的領隊，一上了飛機就要空服員泡烏龍茶，服務員告訴他說因為飛機很快就要起飛，怕時間來不及，苦勸等飛機起飛平穩後再泡，該領隊不但不理，還口出惡言。可想而知，一個面對千萬種客人的服務業，真的要做到讓每一位客人都滿意還真是不容易。

　　對於不受歡迎的客人，通常會以台語戲稱為「奧客」或是「奧人」，「奧」的台語有「朽」木不可雕之意。有航空公司會把此種客人列為要格外注意的名單。不過也有故意裝的「奧客」，他們是由公司派來找碴的神秘客（上班人員不知道），但是這種「奧客」不會跟服務員起真正的衝突，這些神秘客是在為服務行業的評比做調查。

　　碰到在機上一直要酒喝的乘客，也很傷腦筋，會擔心他喝醉鬧事，就要運用一切方法，例如：拉長送酒的時間、減少提供的量或更換酒精濃度淡的酒，如果最後說沒有酒還擺不平，且已經語無倫次，甚至伸出魔爪，此時空服人員會報告機長，機長為了安全起見，必要時可能會選擇採取緊急降落的方式，請求地面協助解決，此種貽笑國際的鬧事消息，媒體會對

鬧事的客人加以報導，予以警惕。

　　也有旅客會因拒付行李超重費而起爭執，客人會說以前／上一次超重都不收，或坐XX航空公司也不收，以此來要求免收，如果航空公司堅持要收，有些客人會付錢了事，也有客人會當場罵兩句就算了，也有客人會等上了飛機後再找空服員出氣，這時候，在航班上的空服員可要特別小心處理，因為氣憤的客人會找機會「出氣」，稍有不慎，這種小事可能會變成大事。所以航空從業要體認，就算客人無理，只有忍氣吞聲，堅持原則，但態度要和氣，絕對不要跟客人鬧翻，因為這是服務業的罩門。正如發展觀光，觀光客多了，卻也給原本乾淨、安靜、純樸的地方帶來困擾，但可以增加各行各業的收入，看起來好像也很傷腦筋，其實，想想天下沒有白吃的午餐就好，關關難過關關過。

　　「和氣生財」含有傳統和「文化」意涵，經常出現在我們的日常生活中。所謂「和氣生財」，有其道理，因為柔能克剛，就能避免許多衝突的發生，態度溫和而不得罪顧客，才能致富。既然開了航空公司，既然已經在航空公司工作，「認命」可能是一帖心靈補藥，唯有這樣才會快樂。又何況絕大部分的客人都是善良的，無緣無故找碴的客人少之又少，只要耐心去瞭解客人不滿的原因，對症下藥，就能迎刃而解。所以說誠懇的態度與積極的作為是非常重要的。

　　其實航空公司最感無奈的是對非法偷渡及持假護照旅客的辨認，有了差錯要免費送回不說，還要接受移民單位每人高額的罰鍰（美國2,000美元，英國3,000英鎊）。

✈乘客也很辛苦

　　搭飛機在起飛及降落的過程，說實在也談不上享受，會暈機的人比暈車的人多，而飛機票又不便宜，如果不是因為要翻山越嶺，要漂洋過海，或因為要快，選擇搭飛機的人恐怕不多。尤其是中短程旅客，都是抱著只

要能夠快一點到就好，其他的享受就不重要了。爲了迎合此種心態，近年來，低成本航空公司（low cost carrier）或廉價航空公司（budget carrier）就應運而生，有如雨後春筍，在亞洲更有驚人的成長，目前已占約25%的市場，也還有發展的空間。

　　跨洲際的長途飛行更辛苦，就算是搭已經退休的超音速飛機，也只是用快速來縮短飛行，減少旅客在機艙內「不自由」的痛苦而已，因爲超音速飛機機艙的空間不大。至於搭乘其他飛機，即便是買比較貴的高等艙位，也只是座椅比較寬，甚至可以平躺而已，跟其他艙等的旅客都是在同一架飛機上，飛行途中會碰到的情況都是一樣的，更沒有所謂要坐在飛機的哪一個部位才比較安全的道理。在航行途中，爲了安全的考慮，機長還是會廣播提醒所有旅客就座並扣緊安全帶，或是就座時要扣緊安全帶，以防突然而來的不穩定氣流（不少航空公司喜歡用亂流的用語來凸顯嚴重性），談不上有多好的享受。

　　所以在機上除了去化妝室（在起飛及降落時就不可以去）會有走動外，能走動的機會實在很少，何況有些國家爲了搭機乘客的安全，更規定搭機時不可以隨便在機艙內走動。但不是要乘客連坐在自己的位子上都不動，還是要在座位上動一動筋骨，否則就有可能發生所謂「經濟艙症候群」的毛病。其實經濟艙症候群跟是否坐在經濟艙並無直接關聯，而是坐久了又沒有在座位上動一動的緣故，所以有航空公司會在機上提供健康舒展的影片，讓乘客在位子上活動。另外，搭跨洲際的長程飛機最頭痛的恐怕是時差的調整了。相信大家會有這樣的困擾，但是又不得不搭。至於空勤人員，因爲經常性地飛來飛去，對時差的感覺沒有乘客嚴重，有機會就休息，甚至沒有時差的困擾。

　　坐飛機既然不是一種享受，多花錢事小，還要花比搭汽車、鐵路、輪船更多的時間耗在機場，連國內航線至少也要在飛機起飛前三十分鐘到機場劃機位，而且還是要沒有託運行李的旅客才可以。因爲登機前還要通過安全檢查，登機時也要檢驗身分證件；國際航線因爲航班比國內航線航

班少，而且往往是載客量大的飛機，可能還要提早於起飛前二至三小時到機場，排隊辦理搭機手續，遇到尖峰時段說不定要排更長，至於過安全檢查、驗護照等程序更不在話下，尤其在發生911恐怖攻擊事件以後，各機場都加強對旅客及隨身行李的安全檢查，所花的通關時間更長，有些機場連皮帶都要取下，鞋子也要脫掉，如果身體內裝有醫療用的金屬，沒有隨身攜帶證明，搞不好會被拒絕搭乘，不過為了安全，乘客還能忍受，只是會希望執行安全檢查人員的態度友善。

機場因飛機的噪音問題大部分都被迫遷到遠離市區的地方，如果再沒有快速密集的機場聯外交通系統，路上又會常常碰到塞車，搭飛機真的有夠辛苦！但因為飛機快，所以飛機票還是常常一「票」難求（註：基本上，航空公司要有座位才會賣機票給客人，但如果是預先買沒有訂位的長期機票是可以的，只是買了沒有OK確認位子的機票，在搭機前還要確認有無機位，所以說一票難求，理論上應該是一「位」難求！）。

新冠肺炎全球流行後，受害慘重的除了航空公司，對不得不搭國際航線航班的乘客而言，可以用「萬苦」來形容，除了出境前要備妥目的地所需的文件外，因為在機場辦理出境所花的時間，要比平常多出好幾倍，細心的乘客還會穿上連身防護衣物、防護面罩、口罩等，在飛機上還不願卸下。當然，做為乘客是不能隨意走動的。

第四節　航空運輸的政治觀與國際觀

飛機是百年來的新寵，由於飛行速度很快，不能有萬一，如果不幸發生萬一，它的後果要比其他的運輸載具來得嚴重，媒體一定會即時報導，這是航空運輸的國際敏感度。所以在從前通訊不發達而且通話費還很貴的時期，有些即將出國的人為了節省電話費及避免打電話的不便（當時的電話還沒有直撥的，更不可能有現在的行動網路或手機，需要透過總機轉接，而且以三分鐘為一單位計算），會告訴送機的親友，如果沒有新聞報

導有飛機出問題，就表示所搭乘的飛機已經平安到達，不必再打國際長途電話了，可見飛機是多麼被媒體注意。

　　航空運輸有其極具高度的政治與外交敏感性，這些都有歷史可作見證。特別是在國與國之間的關係維繫上，都扮演著先鋒的重要角色。有了航空運輸以來，國與國之間的交通都會從開闢空中航線開始（尤其是兩國首都航線）；每個國家的第一家航空公司都是國營，其英文名字都離不開其國名，如AIR AMERICA，AIR FRANCE等，此外，現在國家領導人的敦睦邦交訪問也都使用其本國的飛機，所用的專機不是臨時調用代表其國家航空公司的飛機，就是使用專為總統打造的總統專用飛機，如美國的空軍一號。

✈ 好事多磨的海峽兩岸直航

　　海峽兩岸的空中直航，一路走來更是辛苦。先是白紙黑字的約定，各飛各的航班到香港或澳門，旅客再從香港或澳門轉搭飛機去目的地，旅客跟行李都要在香港或澳門再辦理一次登機及行李託運，極不方便。後來才有行李直掛到目的地及在啟程地一次辦好到目的地的登機證（拿兩張登機證），但是還是沒有直飛方便。

　　海峽兩岸的直航雖是海運先行，不過還是航空比較響亮，但也不是一步到位。先有開放來台老兵回大陸探親的政策開放，因為沒有直飛航班，老兵只能拎著大包小包搭機經由香港（後來才有經由澳門）轉機，很多老兵還是第一次「出國」，而且還不能一票到底，來回都要在香港機場再辦理第二段航程的報到劃位手續，連行李也都要領出來再辦理託運，當時的電腦又不普遍，等到劃好位子飛機都快要起飛了，更慘的是碰到大陸的飛機延遲或沒來，老兵可能就要睡在機場了。當時的情況非常混亂！後來先解決了行李可以一次掛到目的地，但人還是維持再辦理劃位登記手續。還好，在兩岸未直飛前已解決連人也可以一次劃位（through check-in），連下

一航段的登機證（牌）都給，使旅客方便不少。

　　兩岸的直航是從包機先行，也是好事多磨，先由台灣的航空公司單方飛去大陸，大陸的飛機暫時不飛來台灣。從2003年1月26日首架的春節包機降落上海起，一步一步地往前走，由2005年的節日包機（charter），是農曆春節才飛的航班；到2008年7月4日則有兩岸的週末包機，半年後增為每日包機，再到定期航班。飛航航班越來越多，而且航線是有增無減。

　　話說兩岸包機可以飛行之初，也不能一機到底，要先飛到香港降落後再飛往大陸，回程也是要降落香港後再飛回台灣，在香港只是純降落。雖然這樣的做法浪費油料和增加飛行的時間，但這就是政治，要有耐心去等時機，有時候不可能一步到位。果然，後來進展到飛機可以不要降落香港，只要繞經香港上空就好，雖然不能截彎取直，但是已經再跨了一大步。2008年，兩岸共同建立兩岸直飛的北航路及開通了南航路，這些在在說明了航空與政治的緊密關係。

　　凡此種種案例，道盡了天空雖然很大，除了技術與飛航安全的管理外，還有許多非技術的人為限制，飛機不是想怎麼飛就可以怎麼飛的。所以有人說航空運輸的空中自由是最不自由的，因為航空公司的營運要先有航權，而航權的取得要先有交換航權協議，而航權協議能否順利簽訂，又與政治脫不了關係。

✈ 中日航線——說斷就斷

　　1974年2月21日，台灣與日本的空中航線因日本與大陸建交而斷航，在此斷航期間，不只是台日航線停飛，連飛越領空的第一航權都不被允許，日方飛機不能飛越台灣的領空，必須繞飛其他航路，增加其南向航班的飛行時間及成本。而台方也好不到哪裡去，原有經停東京飛美國的航線連飛越日本領空都不行，而改經由關島／夏威夷到美國本土（當時只有707長程飛機），對雙方的航空公司都有損失。直到後來有了波音747SP（B747的縮

短型）以後，才可以從台北直飛美國西岸。在沒有長程飛機之前，台灣與歐洲之間的航線都一定要找中間站停靠加油，也因不能飛越大陸及西伯利亞，必須要南繞泰國／印度領空／中東的機場停靠，每次停靠除了加油外也要支付降落費，是很不得已的安排，所以爭取每一個停靠站的中間和延伸航權，是航空公司努力的方向。

✈航權也是很政治

國民黨遷台後，台灣大部分的航權協定仍以政府層級簽訂，如中日、中美、中韓、中斐等，只是將原有「空運協定」的名稱變爲「臨時空運協定」。1971年退出聯合國以後，則改用委員會、協會或經濟文化辦事處等名義來簽訂航權協定，以維持實質經貿關係的空中交通。

台灣有感於國際空間變小後，航權拓展更加不易，深恐阻礙航空公司的發展，曾經用購買空中巴士的方式來試探與法國簽訂航約的可能性，可是飛機是買了，航約仍毫無眉目，後來中華航空公司也因機隊考量，租了幾架以後就停止，飛了一陣子就把空中巴士換掉，最後連華航飛機上的青天白日滿地紅標誌在歐洲國家的杯葛之下，都要做改變。可見政治對航空公司影響之大，對航權影響之深！

航空運輸是時代進步的馬前卒。台灣的經濟在二十世紀後期是亞洲四小龍之一，物流人流極爲頻繁，對航空運輸的倚賴極爲殷切，尤其在政策上開放大陸探親，讓相隔幾十年的來台老兵能夠回去大陸探親之後，有關方面開始思考當時的華航「揹著」青天白日滿地紅國旗的飛機到處飛的必要性（當時華航飛機的尾翼有青天白日滿地紅的國旗），也嗅出華航要再開拓市場可能會碰到的困境，也爲了肥水不落外人田（大部分錢都給外國飛台的航空公司賺了），更爲了提升台灣航空事業的國際競爭力，台灣政府在1988年決定開放第二家經營國際航線的航空公司，也同時開放國內航線新公司的設立申請，一時間也讓台灣的天空變得非常燦爛，航空運輸喧

騰一時，好不熱鬧！

　　1988年，當時的台灣民航法規中有關民用航空運輸業（航空公司）管理規則的設立規定是：「經營民用航空運輸業者，應申請民航局核轉交通部核准，由民航局發給民用航空運輸業許可證後，依法向有關機關登記，方得營業。」也就是核准設立時就先發給民用航空運輸業許可證，航空公司才去據以購買飛機，而自核准登記之日起，超過六個月未備有航空器開業，許可證即失其效力。籌設階段時間太短，不近情理，在程序及邏輯上似乎都有些不通，因為過去的航空政策似乎是採不開放的，以致該法規實施多年未做修改。

　　台灣在此一敏感時刻，體會修改民航法中的「民用航空運輸業管理規則」的必要性，修正規定為設立航空公司應先核准籌設，在核定籌設期間內，再依法向有關機關辦妥登記。自備航空器及依相關法規提出具有從事安全運行的能力，並經民航局檢查合格後，申請民航局核轉交通部核准，發給民用航空運輸業許可證，始得營業。應為台灣民航法規的一次大翻修，從此帶給台灣民航業的正常發展。台灣第二家經營國際航線的長榮航空公司也才依法經過三年的籌備，按照計畫在1991年7月1日正式起飛。

尾翼有國旗的華航飛機

圖片來源：曾建華（2002）。

Chapter 2

飛機(一)

飛機是航空運輸用以載運客貨的工具，談航空運輸必須瞭解飛機。

飛機沒有發動機（engine）是飛不起來的，而發動機沒有飛機也是英雄無用武之地。所以我們在談飛機一定是含發動機，所不同的是要買什麼樣的飛機、用什麼樣的發動機。

第一節　航空器與飛機

按照台灣「民用航空法」第2條第一項的解釋，航空器（aircraft）是「指任何藉空氣之反作用力，而非藉空氣對地球表面之反作用力，得以飛航於大氣中之器物。」航空器的定義中已經涵蓋飛機，所以航空器的範圍比飛機（airplane）廣；依同條第二十四項的解釋，飛機是「指以動力推動較空氣為重之航空器，其飛航升力之產生主要藉空氣動力反作用於航空器之表面。」依同條第二十五項的解釋，直升機是「指較空氣為重之航空器，其飛航升力之產生主要藉由一個或數個垂直軸動力旋翼所產生之空氣反作用力。」既為在大氣中飛航的器物，都應該與飛航安全有關，甚至於連在機場一定的範圍內放風箏、養鴿子等都會影響飛航安全，民航單位關心是應該的。

在台灣曾經發生過飛機以外在空中飛的器物的三不管時期。在當時有人說滑翔翼、飛行傘、熱氣球是體育運動，應由內政單位主管；也有人說是屬於娛樂，應由教育單位監督，不一而足。但是有一點可以確定的是：會干擾飛機飛行的事與物，民航主管機關責無旁貸，都應該關切，因為這些器物的活動都有可能影響飛機的飛行安全。

飛機基本上有軍用與民用的區分，軍事用途的飛機絕大部分不適合民用，也因為用途的不同，兩種飛機的結構上也有所不同。就算軍用運輸機中載人的運輸機勉強可以說與民航機相同，但因為是軍機軍用，如果用軍機運送一般旅客，其一切責任要由政府負責，保險公司是不接受投保的。

談民用航空（civil aviation）運輸，首先要先認識民用／商用飛機。

飛機無論民用或是軍用，有固定翼與直升機兩種。飛機是我們的通稱，飛機以固定翼飛機使用量最多，直升機載運量雖小，但有固定翼飛機飛不到的特殊用途，如空中攝影、噴灑農藥，尤其是險惡地形的勘查與搜救。

為了單純起見，本書的介紹將以民用的固定翼飛機（fixed-wing aeroplane）為主。根據2013年9月間波音公司對亞洲太平洋地區的預測，在未來二十年，將新購12,820架飛機，發展驚人！如果上網從天空看地球，地表上好像都是螢火蟲，真不敢想像！

 # 第二節　飛機的種類

一、依結構分

(一)直升機

直升機顧名思義是不需要跑道即可在原地垂直起飛降落，並可低空低速機動飛行的飛機（法規上的定義已在第一節說明），又分為單翼與雙翼直升機兩種。螺旋槳是動力的來源也是「翅膀」，所以只要螺旋槳不轉，就等於沒有翅膀，因無法滑翔，會自由落體，危險性極高，但可用於救災、醫療、勘查、攝影及噴灑農藥等固定翼飛機無法擔任的特殊任務，因其飛行的環境比較複雜，飛行員要非常小心（高壓電線裝的圓形物體，是提醒直升機飛行員不要誤觸電線的警告，此在台灣較為少見）。直升機由於飛不高，導致噪音大，加上速度慢與單位成本高（載客座位少），用來當作固定航線的客運業務是無利可圖的。台灣曾經有航空公司使用雙翼直升機飛航台中—梨山／日月潭的客運航線，也因不堪虧損而停航。

直升機旅館

圖片來源：民航局提供

(二)固定翼飛機

固定翼飛機顧名思義是飛機的翅膀是固定在機身，其結構是機身、機翼、機尾、起落架結合固定在一起的，依飛機動力的不同，又有螺旋槳及噴射兩種。

二、依用途分

飛機與輪船一樣都有主甲板（main deck），主甲板上層的空間稱為上艙（upper deck），客機的上艙是載客人的，甲板以下的空間稱為腹艙（belly），客機的腹艙是裝行李及貨物的，貨機的上艙也可以配置12人以下的客人座位，這些座位通常是用來給自己航空公司人員出差或是作為公關用途，沒有配置空服人員服務。

(一)客機

客機（passenger aircraft）顧名思義是載運旅客的飛機，但也會搭載行李以外的少量貨物（按飛機的大小及行李的多少載運，一般都低於15

各種類型的波音客機

圖片來源：波音公司提供

噸），大部分是飛航定期航班。

(二)貨機

　　貨機（cargo aircraft/freighter）顧名思義是載運貨物的飛機，但也可以搭載12人以下的客人。貨機也排有定期航線，但準時率不如客機，延遲十個小時不算什麼。因為貨機是停在貨運區／站，沒有人的通關單位及設施（通關在客運航廈），客人及飛航組員（fly crew）的通關要在客運大廈辦理，要有車輛接駁。

(三)客貨混合機

　　客貨混合機（combi aircraft）幾乎是載運一半客人一半貨物的飛

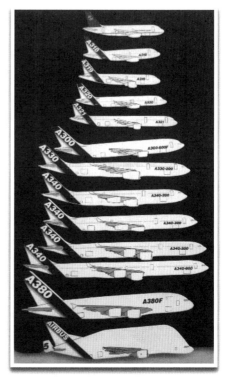

Airbus各機型

機,最常見的機種爲波音747型飛機,如以此飛機的400型來說,大約是載客300人,載貨40噸,主甲板的後1/3艙間也是載貨。由於客貨兩用機是按照客機航班的性質作業,對航班準點率的要求與客機航班一樣,所以是具有時效性貨物的貨主最喜愛的航機,在90年代非常盛行,荷蘭航空、大韓航空、長榮航空均曾經大量擁有,而且獲利可觀。雖曾經有過汗馬功勞,但已經逐漸消失了。

三、飛機的結構

飛機的主要部分有機身,是飛機的中堅;駕駛艙、客艙、行李艙、貨艙、方向舵等都裝在其上,還有起落架和動力裝置也裝在其上。機翼是在機身的兩側,爲飛機提供起飛、空中飛行和降落之用,尾翼是提供飛機平衡與方向用。關於飛機外觀及其部分結構請參考下列各圖所示。

737 在西雅圖波音廠的組裝情形

圖片來源:波音公司提供

飛機機身

圖片來源：波音公司提供

飛機機翼

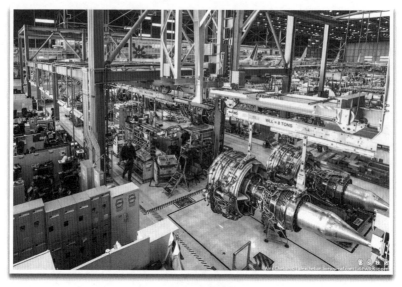

飛機發動機

圖片來源：波音公司提供

 # 第三節　飛機的取得與登記

一、飛機的取得與租賃的興起

　　飛機的取得方式有租機（lease）與購機（purchase）兩種，租購機（lease purchase）也可以勉強稱為一種方式。購買新機的下單（place order）方式也有兩種，一是訂購（firm order），是一定會／要買的；一是選購（option order），是將來可能買的（但也有決定買不買的期限）。飛機會有選購的原因主要是價格昂貴很少有現貨待售，所以買新的飛機不論是新型或舊型，都事先要有訂單並且支付了訂金才會進行製造，而組裝飛機

的工廠、場地並非無限大，也有組裝廠地時段分配的問題，在航空景氣的時期，對新型飛機的採購曾經發生在付完訂金還要等五、六年才能交機的情形。

航空公司有了航權再經過市場調查與研究，大致上知道要飛的航線以及要飛的航班次數以後，就可以按照所要飛的航線的長短及運量的大小，來決定要買的機種及機型。飛機製造廠商有生產小型機的如Dornier、Cessna、Dash、ATR等，也有生產大型長程飛機的飛機製造廠商，如在美國的波音公司（The Boeing Company），以及在歐洲的空中巴士公司（Airbus S.A.S.）。這兩家公司目前幾乎囊括全世界大型飛機的市場，而且全都是噴射機，有單走道的短程機，也有雙走道的長程飛機。

買飛機與買其他商品不同，其他商品有標價，如有折扣也會明白標示，而飛機不但沒有標價，也不會有折扣，但會給購機公司正常的回扣（據非正式瞭解是有給公司正常的回扣，只是不公開）。既然機價不能

雙走道商務艙

圖片來源：長榮航空提供

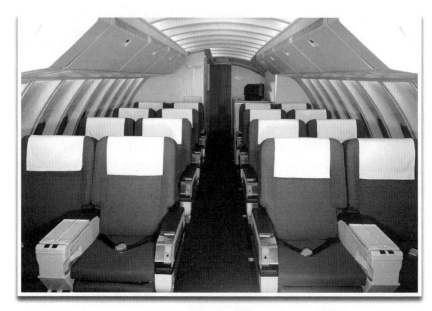

單走道商務艙

圖片來源：長榮航空提供

殺，建議航空公司可以光明正大地向製造商索取購機推廣費，或贈送飛行員及維修人員訓練費與模擬機課程或其他項目。

　　飛機的機體結構是高科技的產物，也要有發動機才能飛，所以每當飛機製造公司有新機的研究時，都會與發動機製造廠商共同研究。載量越大，發動機的推力也要越大。初期飛機的載量小，飛不遠也飛不快。拜航太工業的研發，飛機也由單發動機而雙發動機而三具而四具而六具發動機，可是發動機數量越多飛機越重，越費油。所以研發長程的雙發動機如GE90-115B發動機（發動機進氣口的直徑有3.43公尺令人咋舌），這種發動機體型以及扭力之大，令人不敢想像。目前波音777-300ER長程飛機就是使用這型發動機。

　　但是因為有空氣阻力，機體過大則飛不快，過小則載不多。像超音速的協和式飛機（supersonic transport, SST），為了減少空氣阻力，機身是

GE90-115B 發動機
圖片來源：長榮航空提供

狹長的，機艙內也不寬，坐起來不是很舒服，可是時速之快無其他飛機能比。速度越快的飛機，其所需要的跑道長度就要越長，跑道越長，機場的建造成本就越高，因而願意配合協和式超音速飛機起降的機場很少，其對超音速所收取的起降費當然相對的也高，後來因為噪音太大、環保意識抬頭以及生意不好，於2003年10月24日退役。

　　同樣的，越大的飛機如波音747型飛機及空中巴士A380型飛機，因其運量大，所需要的地面設備也要比中小型的飛機多很多，當然付給機場公司的費用相對也較高（降落費按起飛重量計收）。目前載重最大的飛機要屬前蘇聯的AN-225夢想式運輸機，離地重量超過600公噸，酬載（payload）重量超過300公噸（唯一一台可使用的可惜於2022年2月27日在烏俄戰爭中被炸毀）。載客最多的飛機要屬空中巴士A380型客機，如果採高密度座位（椅距縮至一般距離）的安排，則可搭載853位客人。

空中巴士 A380 型客機

圖片來源：空中巴士提供

全球最大的載貨飛機AN-225夢想式運輸機配備有六具發動機

圖片來源：民航局提供

　　所以，飛機的大與小都各有用途，大貓鑽大洞，小貓鑽小洞，但要以經濟實用為最大考量。現今天空上隨時都有大大小小的飛機同時在飛，從衛星上看宛如螢火蟲。有人說如果飛機都不飛，機場的停機位將不夠飛機停放，不是沒有道理。

　　航空公司賺錢與否跟飛機數量無「絕對」的關係，但與機種、機型的選擇是否妥當，密不可分。一般而言，只要選擇在同條航線上，同業都在使用的機種，應該就不會太離譜，但有關機型大小的選擇，各公司應有各公司的想法，所飛的航線及所採的市場策略也有不同。其次，要買有共通性（commonality）的機種，飛機維修成本會比較低，零件也比較便宜，且可以與友航簽訂航材共用（parts pooling）合約，不需在每一個飛航點都存放備份器材，節省成本。

　　如果要採購大型長程的飛機，目前已有兩大超級的飛機製造廠，而且是美國、歐洲各有一家，航空公司至少可以二選一，或兩者兼得，選擇自己最合適的機種。規模大的公司，或一次大量採購，或剛好有新的飛機要生產，或是還在研發等等情況，都是買方可以談到好條件的大好時機。

　　對於準備要投產的飛機，飛機製造公司為了訂單早日達到投產的平衡點，都會提供優惠的條件來吸引買家，買方也可以藉此機會獲得好的條件。然新研發投產的飛機品質還不穩定，使用上一定會發現很多小問題要修改，所以不是每一家航空公司都有條件去買這種新的機種，新成立的航空公司不宜嘗試，願意當白老鼠的應該是機隊規模大也有維修能力的航空公司，例如：新加坡航空買新出廠的空中巴士A380大型客機，以及全日空購買波音新出廠的波音787夢幻客機，在交機使用初期並不順利，都費了不少的工夫與製造商周旋才有今天的結果。這是一種經驗，也足以證明天下沒有白吃的午餐，白老鼠不是人人都當得起。不過，航空公司可以在某些層面上，利用波音與空中巴士兩大飛機製造公司的生意競爭的機會，爭取到相當優厚的購機條件。

　　前面提過，飛機跟船不一樣，買船的人可以要求造船廠按照他的想

空中巴士737安裝座椅

圖片來源：空中巴士提供

法去建造，因為船萬一有三長兩短還可以在海上漂，不一定會有立即的危險，飛機則不容許在空中發生問題，所以在技術層面上要求很高。買飛機通常只能買現成機（即已經研發成功並經批准可以生產的機種，都要訂購，現貨極少），買方頂多只能在「買方可以指定的座椅、廚房、地毯、燈具等機艙內裝部分（buyer-furnished equipment）有所主張。當然，發動機不是飛機製造公司生產的，買方有權利選擇買飛機製造廠認可的發動機（可是能夠讓買方選的發動機也不多），由飛機製造公司組裝。

在石油價格高漲的時期，飛行成本因而水漲船高，航空公司與其長期飛一趟虧一趟，不如不飛，惟在機場的停機費用高，不宜長期停放，因而有沙漠裡「飛機墳場」的產生。近年來航空貨運的流通量越來越少，空運貨物（如手機等產品）的體積也越來越小，導致貨機已呈現供過於求的現象，是目前擺在沙漠（飛機墳場）最多的飛機。在飛機墳場的飛機，除非

計畫要報廢，否則就算長期停放，也要做基本的維護，保持飛機的適航，為將來的飛行作準備。

飛機的適航證書並不是永久有效的，而是有條件的有效。台灣的「航空器產品與其各項裝備零組件適航維修管理規則」第19條就規定，如經民航主管機關認定不合原檢定時之適航標準，或航空器使用人不照規定妥善維護致航空器不能安全飛航，或過期執行或不執行民航主管機關發布之適航指令，或未經主管機關核准自行改變航空器用途、性能、特性，或航空器連續停用超過九十天，都會失效。航空器的適航證書失效，航空器就不適合安全飛行條件，不適合安全飛航的條件就是不適航，不適航就不可以飛。

二、飛機的登記

✈ 飛機是動產的不動產化！不能有雙重國籍

飛機的身分在法律上是與船一樣，是可以動的不動產。也就是法律上將可以動的民用飛機不動產化。不動產是要登記才可以對抗第三人。因此，每一架飛機一出廠就如同孩子出生要去戶政事務所辦理身分登記一樣，要辦理國籍登記，如果飛機是來自國外，辦理登記就比較複雜，如果是買全新的，先要取得飛機製造廠當地國家民航單位的「出口適航證書」，如果是買舊機，則除了要賣方國家民航單位的出口適航證書外，也要註銷其國籍登記證書，並將飛機飛到買方的國家，再依該國的法令規定辦理該飛機的國籍登記，如此，才能讓每一架飛機有了身分（根）。

台灣「民用航空法」第8條規定，「航空器應由所有人或使用人向民

航局申請中華民國國籍登記，經審查合格後發給登記證書。已登記之航空器，非經核准註銷其登記，不得另在他國登記。曾在他國登記之航空器，非經撤銷其登記，不得在中華民國申請登記。」

　　台灣的「航空器登記規則」第3條規定，有關所有權、抵押權及租賃權的保存、設定、移轉、變更、處分或消滅，都應辦理登記；同規則第4條並規定此應行登記之事項，非經登記不得對抗第三人。

　　所以飛機是不能有雙重國籍的，已經在某國登記的飛機必須註銷在該國的登記以後才可以在其他國家登記，因此，飛機要取得「身分」有時候比人取得身分還難，因為「人」只要一息尚存，政府就要保留他應有的身分，何況在有些國家「人」還被允許擁有雙重身分（國籍）。即使罹患流行傳染病或是犯法，還是一個有身分的人。

　　飛機不同，取得身分還不夠，還必須是「健康」的，飛機一不健康就必須找出毛病，而且一定要把病治好，再經過檢查確定是健康（合於適航標準）後，才可以飛航。飛機取得國籍登記證書後，飛機的所有人或使用人要向有關機關申請飛機的適航檢定，經檢定合格領到適航證書後，飛機才可以使用。沒有取得適航證書的飛機等同廢物，航空公司不可等閒視之。此外，飛機的各種證書都有期限，必須注意，使用電腦管制比較確實可靠，以免過期受罰。

　　台灣的「航空器登記規則」第22條規定，航空器完成登記後，應將國籍標誌羅馬字母B，登記號碼用五位阿拉伯數字正楷，由左至右排列，標明於航空器上的明顯處，這是法律明定的航空器登記標誌，不能缺少，與各航空公司在飛機外表自行塗裝的圖案性質不同。

　　在兩岸未分治以前，國際民航組織就將「B」作為中國民航機的國籍編碼，目前兩岸雖然分治，所屬飛機的國籍編碼仍然都是B字頭開始，雖然大陸的飛機在B字頭之後是四個阿拉伯數字；台灣的飛機在B字頭之後是五個阿拉伯數字，但一般的人只有看阿拉伯數字的編號還是不知道如何去區分，必須再看機身或機尾的企業標誌才能分辨。至於飛航管制人員不是用

看的來區別（除非飛機已經在機場），管制員是用經過同意的飛行資料，
再利用通訊來瞭解。

 第四節　航空公司企業識別與清潔美容

一、航空公司企業識別

　　飛機外表的圖案除了法定的國籍標誌外，其他飛機機身以及LOGO和
尾翼的塗裝，沒有硬性規定，由各家航空公司海闊天空去自由發揮，各家
公司對自己的企業識別（cooperate identity system, CIS），無不絞盡腦汁。
企業識別，最好辦理商標註冊登記，才有保障。此識別不只是塗裝在飛機

有長榮 LOGO 的飛機

圖片來源：長榮航空提供

上，有關辦公室、信封、信紙、機票、提單、掛籤以及正流行的網路信箱等都會出現。華航／長榮兩家航空公司目前的企業識別都不是原始的，都是經過多次的更改的。有關立榮航空2012年3月30日的CIS蛻變，請參閱附錄五。

凡此也說明飛機尾翼標誌的必要與重要。早期在探討海峽兩岸大三通的可能性電視節目，出現了一段幽默的討論笑料。按當時華航飛機的尾翼是漆著青天白日滿地紅的國旗，而這是當時大陸所不願意看到的，有人開玩笑說「圖案」既然不能塗掉也不能換，如果真的要飛大陸，就把機尾的垂直尾翼鋸掉不就成了，可是鋸掉尾翼，飛機就無法控制方向，不能控制方向，飛機就飛不成，所以說，兩岸是通不了的。一笑！

二、飛機的清潔美容

飛機與其他運輸工具一樣，除了要保養外，內外的清潔也不能少。清艙，顧名思義就是飛機艙內的清理，如打掃清潔、擺好座椅安全帶、雜誌袋以及檢查有無旅客的遺留物，是在航班完成每一個航段都要做的工作。機內的清潔工作，有些航空公司是自己做，但大部分是委託機場的地面代理公司承作。在2013年1月29日大陸新聞中心報導，旅客在休斯頓轉機睡著未下機被反鎖機艙內的情形，就是清艙不落實的結果。如果是有心人留下爆裂物，其後果是不堪設想的！真正因安全檢查與管制不澈底而發生不幸的案例，本書另於第十三章〈航空保安〉介紹。

艙內清潔不是只有航班到達目的地才做。有些機場為了安全考量，連中停加油的航班，也要求所有機上旅客連手提的行李也要帶下飛機，到航站過境室休息。旅客再登機時，也是比照出境旅客，要再經過安全檢查。機艙內部則要執行安全檢查與清潔整理。客艙內部的清潔工作才多著呢，包括裝備吃喝的廚房，還有衣櫥、盥洗室、乳液、香水、肥皂、枕頭、頭巾、毯子、安全帶、餐桌、救護箱、耳機、雜誌袋內安全須知卡及嘔吐袋

的整理等，這些都要清潔與補充。在禽流感流行時期，還要做全艙內的消毒。不過如果遇到航班晚到，停靠站的時間不足，一般航空公司都會協調機場地勤代理公司（Ground Handling Agent, GHA）加派人力或要求在機上的空服員幫忙，最好不要發生如2014年5月5日台灣《蘋果日報》所報導——有航空公司對遲到航班的經濟艙，採取不換座椅頭巾、不擦拭餐桌、不吸地板的試辦，經消費者反應後，該公司從善如流，馬上取消試辦，恢復正常，值得讚揚。

至於2014年8月7日《新生報》報導——印度航空（Air India）在前一日的航班上發現機艙內有老鼠出沒而迫降的情形（因為老鼠會咬機上電線釀成災害），無論是否與機艙內的清理不徹底有關，航空公司都應該引以為戒。

天空並不乾淨，不能只有清理機艙內部，飛機外部還是會有汙染，飛機外部雖然不需要飛完每航次就清洗，但約隔半個月要清洗一次。飛機外部的清洗大部分都在夜間，小飛機容易，大飛機困難，所使用的清潔劑也要小心，避免傷到飛機蒙皮。

消滅機艙內的蒼蠅、蚊子看似小事，做起來並不容易。飛機飛上天，機門也都密封關好，蒼蠅、蚊子進入機艙內，是飛機要停在機場上下客人與貨物行李，一定要開啓機艙門，只要機艙門一開，有蒼蠅、蚊子的停機坪，就會有蒼蠅、蚊子飛進艙內。就像老鼠會跑進船上全是因為船要靠岸，靠岸要用纜繩纜住攬椿，老鼠就靠著纜繩爬進船艙，只要船艙內跑進老鼠，因為船艙內的稜角很多，要消滅牠們就是一件大工程。發生老鼠跑進飛機機艙的機率雖然不高，還是小心為上。

✈ 飛機上的排泄物是留在飛機上

飛機上的盥洗排泄物都是排放在機艙下的廢汙水桶，到達目的地後將桶卸下換上空桶，與早期的火車上洗手間的排泄物是直接排出在車外的鐵

軌上不同（所以早期搭乘鐵路不准在火車靠站時使用廁所，且鐵路路線都在人煙稀少的郊外）。但是，可能是因為受過去在火車上使用的聯想，曾有台灣媒體質疑農作物的枯黃是因為飛機上盥洗室排出來的汙物所致。也曾聽說過，有位搭機老太太去使用機上有窗戶的洗手間（機上的盥洗室有窗戶的不多），發現窗戶是開著的，急急忙忙關上窗戶遮陽板，回座後還提醒鄰座的乘客，要她如廁時記得關窗戶，否則屁股會被看光光。

機上服務好的航空公司會要求空服員在旅客用完盥洗室後要去檢查並洗刷乾淨，以方便下一位乘客使用。經常搭機旅行的客人也會發現，仍有航空公司不會要求其機上空服員要常常去檢查盥洗室，而乘客也有不會愛惜使用盥洗室的習慣，洗手槽溼答答，亂丟髒物阻塞馬桶的情況還是無法絕跡。

對機上廢水的處理，航空公司的做法是在航機到達目的地時，由機場地面人員卸下舊廢水桶裝上新的空桶，以為下一航次乘客使用。卸下的汙水桶則交給機場汙水處理。不過，比較小的機場並不是都有足夠的汙水處理能量，航空公司可能不被允許卸下舊廢水桶，要求肥水不留外人田，由航空公司原機帶回「家」。

飛機的行李貨艙也是要清理的，尤其是載運活生海鮮等水產品以及生鮮肉類的航班，要注意貨物的包裝是否緊密、貨艙內有無水漬，因為水漬的殘留會腐蝕機體和甲板，久而久之會損害機身結構，甚至造成機身斷裂解體的慘劇（如1981年的苗栗空難），因此，客人看不到貨艙的清潔，最容易被忽略或馬虎行事，航空公司更應格外注意。

飛機外表的塗漆是對飛機蒙皮的一種保護，至於要不要彩繪，則要看各公司的政策。近幾年來又開始流行彩繪，有與知名玩偶合作的彩繪機，用來吸引更多的乘客，如長榮航空的Hello Kitty彩繪機是一個成功的例子；華航的水果機彩繪也別具意義；也有為某商業或某種目的與商家合作的廣告彩繪機，如日本航空五十週年的迪士尼彩繪機；也有各航空聯盟各自約定其加入成員的公司，至少要有一架聯盟圖案的彩繪飛機，來顯示它所屬

的聯盟。一直都沒有彩繪飛機的航空公司也有。

飛機機身外表上油漆所增加的機體重量不多（依機型會有不同，平均在100～200公斤之間；B777型150公斤），飛機的彩繪不會影響飛機的酬載，所花的油漆成本不多，花費多的是彩繪所需的人工成本。須考慮的地方應該是契約期滿停機恢復原狀的時間，如果合作的時間不長，是否彩繪就要考慮了。

✈固定翼飛機碳排放稅

固定翼的飛機是速度快而且可以飛越高山、海洋，是其他運輸工具無法達成的，可是耗油量大，二氧化碳排放量也大，對加速地球暖化的影響之大已引起歐盟的注意（航空業的碳排放量約占全球溫室氣體排放量的3%），並已經從2005年開始推動區域性二氧化碳排放的交易制度，進行二氧化碳排放量的總量管制。此舉說明了歐盟已注意飛機所排二氧化碳的嚴重性，但是也只能研議徵收其他國家飛歐洲航機的炭排放稅，仍無法阻止民航機的飛

> **歐盟各國收碳排放稅之拉鋸**
>
> 歐盟委員會宣布自2012年1月1日起正式將國際航空業納入歐盟碳排放交易體系，將自2014年實施對飛歐盟領空的航機按順數及距離收取二氧化碳排放稅，此提議立即遭到美國、中國等航空大國的反對，估計成功率很低。（《聯合報》（2013/10/27）報導）

行，因為固定翼飛機雖然有時候也會受天候影響，但到目前為止，還是長途旅行者的最佳選擇。

歐盟再提議徵收碳稅

　　10月19日，據外媒報導，歐委會再次建議歐盟各成員國對航空公司碳排放配額法案草案進行修改，擬對飛經歐盟領空的外國航空公司按飛機噸位、飛行距離等徵收航空碳稅，並希望在2014年3月前協商一致後實施。

　　一位業內人士對《國際金融報》記者指出，歐盟方面顯然不願意放棄徵收航空碳稅，這涉及到歐盟的利益。據推測，歐盟可於2014年3月1日起開徵外國航空公司碳排放稅，但此舉必將導致美國、中國、俄羅斯、加拿大、巴西等國向世貿組織申訴，恐仍將無果而終。

「霸王條款」遭否決

　　今年10月6日，國際民用航空組織（ICAO）在加拿大蒙特婁舉行的全體會議上通過決議，否決歐盟要求單方面徵收航空碳稅的提案。

　　事實上，自歐盟宣布從2012年1月1日正式將國際航空業納入EUETS（歐盟碳排放交易體系）之後，這一「霸王條款」便遭到了美國、巴西、中

國、印度和俄羅斯等國的強烈反對。美國更將其視為一種未經授權的域外徵稅，威脅將採取報復措施。中國在此問題上也表現出強硬立場，即使在諸如「罰款」、「禁飛」等強制措施威脅之下，仍堅持不被納入EUETS。與此同時，一些以貿易或行政等方式或明或暗顯露的反制措施，也使歐盟內部在此問題的態度上發生了分歧。在ICAO三十六個成員國中，有二十六個明確表示反對歐盟徵收航空碳稅。

行業分析師認為，之前歐盟能夠單方面啟動碳排放稅的徵收，主要是全球性的方案遲遲不能出臺。歐盟對於徵收碳稅方面先行一步，他們徵收航空碳稅更多的是從自身的利益來考慮問題，被其他國家抵制和被否決也就在所難免。

作為全球民航業最具權威性的官方組織，ICAO一直被批評在制定全球化碳排放市場機制上的步伐走得太慢。但在全球成員會議上能夠最終順利推動這一問題從地區化走向全球化，顯然大大淡化了此前的負面影響。

再提議徵收

面對ICAO於全體會議上的否決，歐盟依舊「堅持己見」。日前，歐委會再次建議歐盟各成員國對航空公司碳排放配額法案草案進行修改，擬對飛經歐盟領空的外國航空公司按飛機噸位、飛行距離等徵收航空碳稅，並希望2014年3月前協商一致後抓緊實施。

國際航協（IATA）針對歐盟委員會議案發表聲明表示關注和驚訝，國際航協總幹事兼首席行政執行官湯彥麟：「歐洲委員會正在建議的行動方針，將極大地破壞關於碳排放問題帶給我們的美好願景。」

歐盟氣候專員康尼·希爾德加德對此表示：「歐盟是在自身權利範圍內管理自己領空飛機的排放、在歐盟自己的空域內管理是一個主權的權利。」

資料來源：《國際金融報》，夏妍，2013年10月21日。

中國航企仍拒交歐盟碳稅，將遭罰款或禁飛

（JGospel北京時間2012年6月12日）歐盟要求中國航企為碳排放交易體系（ETS，俗稱「碳稅」）提交碳排放數據的6月中旬「大限」將至，但中方並未妥協。

曾任中國民航局副局長的中國國航董事長王昌順11日表示，根據中國民用航空局的指令，未經政府有關部門批准，禁止中國境內各運輸航空公司參與歐盟排放交易體系，禁止各運輸航空公司以此為由提高運價或增加收費項目。

曾參與國家發改委「國際航空排放問題」課題的中國民航大學節能減排研究中心趙鳳彩教授告訴《經濟參考報》記者，若未按時提交碳排放數據，每家中國航空企業將面臨數額不等的罰款，最高額度將達到50萬歐元左右。

立場──中國仍拒繳納歐盟「碳稅」

「我們堅決反對單邊的行為。」剛當選第68屆國際航空運輸協會（IATA）年會主席的王昌順11日呼籲，歐盟應在《京都議定書》框架之內，按照「共同但有區別」的原則，進行共同的談判來解決碳減排問題。

據王昌順透露，歐盟ETS對中國民航影響非常大。據歐盟數據測算，歐盟航空碳稅將使中國民航業2012年的成本增加7.9億元，到2020年時，年成本預計還將增加37億元，2012年至2020年共導致中國民航業成本增加179億元。

「強制徵收碳稅會造成航空運營成本增加，航空公司被迫轉移成本給乘客，不但會影響中國民航業的發展，也會嚴重影響歐盟航空業。」王昌順說。

歐盟氣候行動專員康妮·赫澤高曾宣稱，3月31日前，99%的航空公司都已按照歐盟的規定提交了2011年的飛行數據，其中包括美國、俄羅斯、日本等此前反對歐盟ETS的航空公司。僅有中國的八家和印度的兩家航空公司沒有按期提交數據。赫澤高警告道，上述十家公司若不在6月中旬履行數據提交的要求，歐盟各國將會實施懲罰措施。

趙鳳彩對此表示，相信面對歐盟壓力，中國航企仍會遵守國家規定。趙鳳彩說，視法國、德國、比利時等歐盟各個成員國的國內政策，若未按時提交碳排放數據，每家中國航企將面臨數額不等的罰款，最高額度將達到約50萬歐元。

趙鳳彩預測，按照歐盟要求，若中國航企未在明年4月30日前提交碳排放配額，歐盟的懲罰措施還將升級。也就是說，若屆時中國航企未在歐盟指定的碳排放配額帳戶「充值」，使得免費配額加上在歐盟碳交易市場上購買額等於2012年的實際碳排放總量，將面臨100歐元／噸二氧化碳的罰款，若仍拒不繳納罰款，還將可能面臨禁飛令。

此前，歐盟曾為中國航企分配了大約60萬噸至100萬噸不等的免費配額，但由於中國政府禁止國內航企參加歐盟ETS，中國航企並未接受帶有免費配額的碳排放帳戶。

趙鳳彩透露，在客運業務方面，國航、南航、東航預計會有較大的碳排放缺口。至於貨運業務方面，國貨航、中貨航由於載運率和燃油效率較高，噸公里碳排放水平因此較低，短期內有望不超過免費配額，但長期內隨著中國民航業務的高速增長，仍可能產生缺口。

王昌順也分析道，在歐盟主權債務危機、美國經濟增速偏弱、亞洲經濟下行等因素影響下，中國民航業目前的經營形勢可能比2008年國際金融危機時更加嚴峻。

研判——專家認為歐盟不會舉動過激

「現在來看，歐盟的態度已經有所軟化。」中國民航管理幹部學院航空法研究中心主任劉偉民接受《經濟參考報》記者採訪時強調，即便如此，中國一定會堅持自己的立場，不向歐盟上報數據。

劉偉民解釋道，尤其是考慮到當前世界經濟較為低迷，歐洲主權債危機加劇，更應該要求歐盟將航企碳減排時間後延。「由於各國發展程度不一

致，發展中國家減排速度本來就應該慢一點，這需要雙方一起商量。」

劉偉民也承認，歐盟在這一問題上面臨兩難，雖然從立法角度說，歐盟ETS並不違反國際法，但是確實需要考慮這一事件對中歐關係的影響。但考慮到當前國際局勢複雜微妙，也不能排除歐盟因為某些地緣政治問題上的歧見，對中國航企採取報復措施的可能性。

中國民航管理幹部學院教授鄒建軍則認為，如果到期時中國企業不予提交數據，歐盟會不會採取報復行為很難說，不過應該是不會採取過於激烈的行為，至於未來會怎麼做，相信歐盟的有關部門還會進一步的商討，「現在碳稅問題已經不屬於企業行為的範疇了」。

對外經貿大學中國開放型經濟研究所副所長何偉文則認為，雖然氣候問題屬於戰略問題，進行國際交往需要從戰略層面布局，但是至少從中國方面看，目前還沒有必要將航空企業碳稅問題上升到中歐經貿層面。這意味著，即使歐盟未來真的對中國航企採取報復行為，中國的應對也應該從具體行業著手，採取對等的反制手段，比如說限制歐洲航空公司的飛行，不准其降落於中國境內等等。不過，這一問題一旦貿然上升到國家關係層面，只會使問題更加複雜化。

何偉文同樣認為，即使到達時限，估計歐盟採取極端制裁措施的可能性也非常小，更大的可能是雙方妥協，將航空企業提交數據的時限後延。因為歐盟缺乏制裁的強有力手段，航班開放是相互的，如果中國的民航企業受到歐盟制裁，中國也可以制裁歐洲的漢莎、法航等公司，「讓歐盟受不了」。

方向——仍需回歸國際多邊談判

在11日舉行的國際航空運輸協會第68屆年會（IATA年會）期間，王昌順及多位IATA高層在不同新聞發布會、分論壇屢次提及歐盟ETS，大部分與會的航企高管表示反對歐盟ETS。

IATA理事長兼首席執行官湯彥麟（Tony Tyler）表示，歐盟ETS不是碳減排之路前進的跳板，而是一個引發爭端、阻礙真正進步的障礙。「沒有人

想要貿易戰，貿易戰沒有贏家。……我們不應該冒著引發貿易戰的風險做出侵犯他國主權的行為。」他說。

實際上，早在去年10月還在擔任中國民用航空局副局長的時候，王昌順在會見歐盟氣候總司司長喬斯‧德爾貝克時就明確表示，希望歐方遵守相關國際法，拿出政治誠意，儘快放棄其單邊違法行為，與中方透過建設性的對話和磋商解決相關問題。

王昌順強調，歐盟單邊強行將進出歐盟的國際航空排放納入歐盟ETS，違反了《聯合國氣候變化框架公約》確定的「共同但有區別的責任」原則、各自能力原則及《京都議定書》的有關規定，也不符合《芝加哥公約》和國際民航組織（ICAO）的相關規定。

在11日的IATA年會上，IATA再次敦促通過國際民用航空組織（ICAO），為減少全球航空公司二氧化碳排放量尋求一個全面的解決方案。

湯彥麟告訴《經濟參考報》記者，全球航空業釋放的二氧化碳量占全球所有人為總排放量的3%左右，我們需要加強航空運輸業碳排放的管理。全球航空運輸業致力於實現以下三個目標，到2020年，年均燃油效率提高1.5%；從2020年開始，穩定碳排放，實現碳中和增長；到2050年，碳排放量將比2005年減少一半。

「達成共識的基礎是存在的。包括歐洲在內的各方都認為，真正的解決辦法只能是在2013年國際民航組織大會上達成一項全球協議。」湯彥麟說。

他透露，ICAO正在為航空運輸業制定統一的全球市場措施，包括以下四個方面：強制抵消航空碳排放；帶有一定創收機制的強制抵消；全球性的碳排放交易計畫；基於「基礎與配額」的碳排放交易計畫。這些機制由專家組負責提出，然後交由國際民航組織理事會審查，將在2013年秋季召開的國際民航組織大會達成最終決議。

資料來源：《經濟參考報》，記者／梁嘉琳、方燁，2012年6月12日。

飛歐課碳稅　中國拒買空巴要脅

　　中央社（2011/06/28）引述法國媒體報導，正在歐洲訪問的中國總理溫家寶將與德國總理梅克爾討論碳稅問題；歐洲預計明年起對在歐洲起降的客機徵收碳稅，中國則以總價40億歐元（約台幣1,652億元）的空中巴士飛機合約威脅此措施。

　　中國班機近年來飛航歐洲頻繁，在此新規定下，預計須付出大筆碳稅。法國媒體今天報導，中國政府是否簽下空中巴士巨額合約，取決於歐盟是否對中國的航空公司課碳稅的決定。

　　該報導指出，香港一家航空公司原有意購買10架A380客機，價值高達40億歐元（約台幣1,652億元），但已遭中國政府攔阻簽約。

Chapter 3

飛機(二)

第一節　飛機的適航與維修

　　飛機依法取得登記證書後，爲了保障飛機能安全飛行，還要依據法規（台灣爲「航空器產品與其各項裝備零組件適航維修管理規則」）規定，向民航主管機關申請適航檢定，經檢定合格並取得適航證書後，方可飛行。

　　民航法規對飛機「健康」的要求是非常嚴謹的，不是隨便說說的，是要有紀錄爲憑的。而且飛機的健康紀錄比人一生的健康記載要完整也要精準。飛機從出廠的那一天起，一直到報廢爲止，每一樣的維修或保養，都要有詳實的紀錄，發生何種毛病、原因爲何、是如何修好、用了什麼材料等等，尤其是機體結構傷害的修復更馬虎不得，也就是說，飛機的機身是碰不得的，不小心碰了，就要好好復原它。在飛行安全事故調查案例中，就有因傷害情況的記載描述不實，導致修復工作做得不夠，也有受損情況記載詳實，但修護內容記載不實，使得飛機在有潛在危機的情況下派飛而失事的案例。也有因不重視機體結構的檢查維修造成整架飛機斷裂的慘劇的空難。

✈飛安不能靠運氣！

　　可見飛機的正常維修保養非常重要，不但可以確保飛航安全，也可以延長飛機的使用年限，如果問飛機製造廠商一架飛機的壽命有多長，他們大都會回答：只要你按照他們的維修保養手冊去執行，飛機基本上是沒有年限的。但也說不出究竟有多長命。的確，在比較有名的航空展中，經常會出現古董飛機的表演飛行，是可以飛，但是否符合經濟效益就值得商榷了。

　　站在航空公司經營者及國家稅務機關的立場，飛機的使用有其經濟年

限，太長過短都不好，如果有賺錢而折舊年限太長，航空公司每年因盈餘多而要多繳營利稅，但也不能太短，否則政府收不到航空公司的營利稅。因此，航空公司通常會依其經營的情況，報請其稅務機關同意他的飛機的攤提折舊年限（一般是從十年到二十年不等）。但折舊期滿並不代表這架飛機就要報廢，只要還能取得適航證書，一定還會有人要。到現在老飛機還是有航空公司在使用。

　　我們之所以要保護飛機，除了它是貴重的資產外，最重要的是因爲每架飛機上都會載有人類珍貴的生命，爲了確保旅客的生命，就要先確保飛機的飛航安全。爲了確保飛機的飛航安全，國際上已制定大家共同遵守的規章，各國也都根據此國際上的規定，再發布其國家適用且相當嚴謹的法規，來規範飛機的維護保養及飛行員與地面工作人員等與飛機航行有關人員的作業標準。

飛機的維修保養工作一定要確實做好

✈ 蓋飛機維修廠需要機場的土地

至於飛機的維修，台灣「民用航空法」並未規定航空公司一定要有自己的飛機保養維修廠，也可以用委託維修方式來維持其飛機的適航條件，但是我們認為如果自己的飛機數量達到一定的規模，有了自己的飛機維修廠，除了維修自己的飛機以外還可以維修他航的飛機，一舉兩得，又何況機場的土地寸土寸金，隨著航空的發展，對機場內的土地需求越來越多，也有些地方，剛剛為了新蓋機場的土地取得就吵翻天，航空公司要在機場內爭取本身發展需要的用地更是談何容易。在台灣桃園國際機場的用地分配上就發生過幾個讓政府頭痛的案子。因為飛機維修廠一定要在機場內，飛機才能進廠維修保養。

台灣桃園機場興建初期，由於運量不大，剩餘土地不少，機場單位有保留未來發展用的土地，在第二家長榮航空成立以後，該公司租用機場南邊的土地興建飛機修護棚廠，華航也急起直追，加蓋了發動機工廠及飛機修護棚廠。如今除了兩大航空公司都積極擴充飛機維修能量外，也有其他家航空公司爭取在桃園機場興建飛機維修基地。整體而言，對台灣發展航空業是有加分的效果。

✈ 飛機的一生

飛機從新機出廠開始到報廢，所有大大小小的維修都要有詳實的記載，我們常常比喻，其詳細程度比人的一生有關病歷記載還要詳細，因為飛航的飛機一定要保持可飛航的標準，也就是適航（airworthiness），是保障飛航安全的第一步，也是最重要的一步。有關維修要有白紙黑字的「工作單」為根據，將毛病與修護內容詳實記載。對於每航次的簽放飛行也都要有詳實的紀錄，這些紀錄是法規上的要求，民航機關會抽查，遇到飛安

事故發生時也會調閱。

　　航空公司的飛機來源有自己購買也可以用租賃方式引進，但無論是用何種方式取得，維修保養一定要做，雖然法規沒有硬性規定航空公司一定要擁有修護廠（hangar）自己辦理，也允許委託外面代辦，但航空公司所負的責任不會因為委外而免責。飛機維修保養的地方不可能在沒有跑道的機場外面，否則飛機無法進出保養場地，也就是說，飛機不是在停機坪就是要在維修廠，才有辦法維修。因此，航空公司如果要自己維修飛機，都會積極爭取機場內有限的土地來蓋自己的飛機維修廠房。

　　台灣的航空工業起步較晚，航空公司發展也較慢，且在台南機場已經有早期亞洲航空公司留下的飛機維修廠，所以早期的航空公司投資設飛機修護廠的意願不高，連當時的國際機場從松山搬到桃園時，華航也把自己在桃園機場蓋的飛機維修棚廠賣給民航局，再以付租金方式向民航局承租，來減輕其財務負擔，為此，還特別立法發布「交通部民用航空局中正國際機場飛機修護棚廠及其附屬設備出租使用管理辦法」。

　　再者，根據2013年9月間波音公司的預測，在未來二十年，因為飛機的增加，僅亞洲太平洋地區就需要增加飛機維修人員約21萬人。未來不只飛機維修人才的需求，對飛機維修廠的建置需求也會日增，整體航太工業的發展前景是看好的。

 ## 第二節　發動機的取得

　　單靠空氣浮力的飛行是緩慢的，是受風的影響的。因此，熱愛飛行的科學家就想到在飛的器物上裝置動力。科學家們先去想到火車也是從蒸氣火車開始，於是研究製造了蒸氣推進器來當飛行器的動力，但也因故障頻繁，速度又慢，最後放棄用蒸氣動力的研發。

　　飛機真正的推動力是先從螺旋槳式的發動機（turboprop engine）開

始，藉由螺旋槳的快速旋轉產生空氣的反作用力將飛機向前推進。自噴射發動機（jet engine）問世後，由於噴射機的噪音及速度都比螺旋槳好，深受消費市場的喜愛，所以噴射發動機的研發速度比螺旋槳快，但仍保有各自的市場。在台灣，為了讓乘客比較舒適，政府曾經鼓勵在台灣西部不到一個小時的短程航線也用噴射飛機飛航，航空公司雖然是要以客為尊，但是對於機種的選擇會有成本及機場條件的考量，有時候不見得會讓顧客都滿意。螺旋槳有螺旋槳的特殊性與必要性，如小型機場的跑道短，只能適合螺旋槳的飛機起降，並非噴射機所能取代，如何取捨確實是值得商榷。

　　飛機沒有發動機是飛不起來的，發動機是飛機的心臟，是提供飛機的動力源、液壓源、氣源和電源的機器。發動機有專門製造的廠商，發動機的推力有大有小，一般來講，小飛機用小推力的發動機就好，大飛機就要配大推力的發動機。目前製造大發動機的廠商有勞斯萊斯（Rolls-Royce）、奇異（GE）和普惠（P&W）三大廠，他們與目前波音及空中巴士兩大飛機製造廠有脣齒相依的緊密關係，尤其是在有新機種研發的時候，要有新的發動機來配合，如波音777型機的雙引擎長程飛機、A380型長程大型飛機在研發時，幾乎是形影不離。

　　由此可見，飛機是機體加發動機的組合體，也是連體嬰，缺一不可。而製造及組裝飛機的波音及空中巴士是供應商用飛機的兩大廠商。雖說發動機製造商的客戶是航空公司，一般的想法應該是買方比較有主導權，事實上並非全都如此，因為飛機供應是寡占市場，而且是極度高科技的產品，除非是規模很大的航空公司比較有談判的經驗與籌碼外，年輕或是航空新秀，只能小心謹慎了。

　　由於飛機機體與發動機是由不同的公司生產，但組合後的空重及大小會影響營運時的酬載（亦即可以載運客貨的空間及重量）。當酬載少於設計的估計時，航空公司就會質疑飛機製造商，為何所能承載的重量（酬載）不如設計水準？此時，飛機製造商會說是發動機製造商的發動機重量超出預期，而發動機製造商則會說是飛機機體超出設計的重量，互相推

諉，結果吃虧的還是花錢購買的航空公司。類此情形經常發生在新機問世的時候，航空公司不可不慎。

✈飛機無錨可拋

　　航空公司最擔心的事情是：飛機在飛行途中發動機出了問題。所以為了安全起見，管理民航的機關就規定單發動機的飛機不可以當商用飛機，也就是不可以載客人營運，規定商用飛機至少要有兩具發動機以上，以防萬一發動機故障時（很少發生兩具發動機同時故障），飛行員至少還有一具發動機可以利用，方便尋找附近機場或可能降落的地方降落（飛行員都有剩下一具發動機的飛機操控能力訓練，而且航空公司要求在每次執行飛行任務時作確認）。因為大海洋沒有可供大飛機降落的機場，為了飛航安全，民航主管都規定要飛越海洋的長程飛機至少要有三具以上的發動機，一直到續航力強的發動機的實驗成功後才有兩具發動機的長程飛機，所以對發動機的選擇極為重要。飛機發動機也是寡占市場，大的發動機更少，大約也只有比飛機多一家可選擇而已（RR、GE、PW三家）。不過新成立的航空公司也不用太掛心，多聽聽前輩大哥的意見基本上就沒錯，因為這三家製造商都是值得信賴的。

　　下頁圖是波音777-300ER所用的GE90發動機，一顆的重量就超過8噸。

　　對航空公司而言，選擇發動機也跟選飛機一樣，種類越少越好（其實也沒有幾種好選）。因為用同樣的機種或發動機就有共通性，共通性越多，就越能節省材料及維修等成本，如果用的雖然是很好的發動機，可是用的航空公司少，相對到了大修的時候（壽限時要送原廠或是原廠指定的工廠），原廠要的價格也會因量少而開高價，因而所負擔的個案／單一維修成本，自然就會比多數公司在用的高很多。

波音 777-300ER 所用的 GE90 發動機

圖片來源：長榮航空提供

✈ 油價關係獲利

　　航空運輸的油耗在運行成本所占的比率不小，油價越高比率越大。以油價一桶100美金計算，約占直接成本的50%，總成本的35%。在航空油價一直高漲的情況下，發動機的重量與耗油量以及空機身的重量，都是購買時要去考慮的因素之一。在油價從每桶美金40元一直高漲的時期，航空公司掀起購買航油的期貨潮，所謂航油避險，是否有真的避開高油價帶來的風險、要買多少，值得航空公司研究。航空公司也會依航油的高低調整航機的加油策略（航機加油量要合乎法規規定的安全油量，不是每趟都加滿油）。

　　飛機或發動機，價格都是很貴的。兩者就算自己買了，為了財務考量也都會去向銀行抵押借款，甚至連飛機的備份器材也是很值錢，銀行也願意抵押貸款。有時飛機製造商或發動機廠商為了競爭，也會幫買家找貸款

銀行，也會開出租購（lease purchase）條件的購機（這種情形在還未有競爭威脅時，是幾乎不可能的事）。也因飛機太貴，不是人人買得起，後來有國家就放寬限制，規定航空公司的飛機不一定都要自己買，不是航空公司也可以買飛機出租，也同意飛機的使用人可以用租賃方式取得，因而有錢的人就做起飛機租賃的生意（飛機租賃公司）。如此，對航空公司有利，也促進航空產業的發展。

飛機的發動機，主要用來產生推力或拉力，克服與空氣相對運動時產生的阻力，使飛機前進，以及提供飛機上電器與空調設備和其他系統等所需的電力。飛機與發動機是一體的，雖然發動機與飛機是可以分開採購的，但最好要買與飛機製造公司有合作的發動機，飛機製造公司才會比較樂意幫忙裝上飛機，尤其是新機種，因為飛機公司在研發新機種時，都已經邀請發動機公司（如GE、PW、RR）一起研究，技術上也比較熟練。

發動機雖然沒有飛機貴，但也不便宜，一顆動輒也要幾百萬美元，一架飛機最少要裝兩顆，也有三顆、四顆，甚至六顆的，而且考慮發動機修理或保養費時，發動機又可以整顆拆卸（可將出狀況的發動機拆下，將好的裝上，讓飛機繼續使用，減少停機時間），航空公司還會多準備一定比例的發動機作為備份，也是一筆必要的投資。

因為飛機及發動機價格不貲，兩者都有租賃的行為，可以向租賃公司租，也可以向航空同業租。飛機的租賃方式有乾租（dry lease）及濕租（wet lease）兩種。所謂「乾租」，簡單說就是出租人（大都為租賃公司或銀行）只有出租整架飛機，不含飛行員、空服員、維修與保險等，全由承租人負責；「濕租」簡單說就是出租人除了飛機外還要負責飛行員及維修人員等，承租人只有負責飛機的使用。

如果租的是舊機，因為已經有在使用，簽訂租賃合約宜謹慎，尤其是發動機。有些配件有使用年限，發動機有起降數的大修年限（壽限，life-limited parts, LLP）。除了原廠外，能修發動機的工廠不多，能大翻修的工廠更少。也因為發動機可以單獨拆卸，所以有專門供應可用發動機的廠

商，提供按時計費（power by the hour）的發動機出租服務，航空公司只要付錢就隨時有發動機可用，要修的發動機可以拆下送修。至於發動機是買還是租划算，各有利弊，各航空公司可以仔細精算。

✈ ACMI的流行

飛機租賃市場上會出現ACMI（aircraft、crew、maintenance、insurance）的基本考慮項目，茲簡要說明如下：

A（aircraft）——飛機。是租賃的主體，是配有發動機的飛機。航空公司有可能是承租飛機或是出租飛機的人（大的航空公司設有飛機租賃部門或租賃公司來負責），其租金會有市場的參考價格。

C（crew）——空勤組員。指前艙的飛行員與後艙的空服人員。承租人可以有自己的選擇，可以前、後艙組員全部租，或分開租，或都不含。

M（maintenance）——維修保養。指租賃期間維修保養工作是由承租方或出租方負責，由雙方商議，一般會由有能力的一方承作。

I（insurance）——保險。航空運輸一定要投保，航空保險具有高價值、高技術、高風險的特點。一架飛機的保險金額最少都在美金1億元以上，而航空公司的綜合責任限額會高達美金10億元以上。也因為保額高風險高，原保險人一定再保險或共同保險。此保險條件可由承租人與出租人協議處理。

航空公司的飛機是用買還是用租的划算，完全要看每家公司的財務考量。用買的，雖然要在交機時付清機價款，但是買家還可以用飛機向銀行抵押貸款，分期攤還，飛機還可以按折舊年限（十年至二十年不等）攤提折舊。又因為銀行之間也是競爭激烈，銀行也推出向航空公司（假）買飛機再將該飛機出租給該航空公司的做法，在航空公司方面稱這種做法為「售後租回」，如此，飛機還是留在航空公司繼續營運，創造銀行與航空公司雙贏的局面。

第三節　飛機修護廠

　　有關飛機的保養維修工作也是極為繁複，但是為了達到飛機的適航標準，還是要按照民航法規的規定進行維修保養，只是有人認為除非飛機數量已經達到經濟規模，或是考量公司未來的發展，否則把飛機委外保養會比較經濟，航空公司只保留民航法規規定的技術及品質管制單位就好。

　　飛機的建造、組裝與修護和輪船一樣，必須考慮進出的問題，如造船廠的船屋一定設在港口，飛機的修護、組裝廠也一定要設在飛機場內。如桃園機場內的華航與長榮的飛機棚廠，台南機場的亞洲航空（Air Asia）（專修飛機的公司）以及台中機場的漢翔公司的廠址都是在機場內。

　　在台南機場的亞洲航空並不是指近來令人風靡的馬來西亞廉價航空公司（Air AsiaX），而是於1955年從陳納德將軍在台灣設立的民航空運公司（Civil Air Transport, CAT）分出來的，是美航公司（Air America）的子公司，早期以修護美軍韓戰、越戰的飛機為主，生意興隆一時（於1994年底已轉為台灣台翔航太的子公司）。在台中機場的漢翔航空工業公司，屬經

長榮飛機維修廠

圖片來源：長榮航空提供

濟部,是以生產軍機為主,現今也取得航材的製造,在2013年8月25日股票上市。

　　大體而言,航空公司為了確保自己航機的安全、考慮機場的土地有限,以及航太工業是一個高科技的新興航空產業,且自己如有剩餘的維修能量,還可以代修他航的飛機,已經不去考慮自己的機隊是否具備規模,都想盡辦法爭取租用土地來設置飛機修護廠。所以目前台灣的長榮及華航都在機場各有飛機修護廠,除了維修公司自己的飛機外,也修護別家的飛機,長榮並大力發展航太工業,已經承作完成波音公司的夢幻機五架LCF的改裝工作。

　　飛機的修護廠在台灣可能是沿習軍方(軍機小,修護廠也小)都稱之為棚廠。實際上,當今的飛機修護棚廠是又高又寬、中間沒有柱子的建築物,不是想像中不起眼的「棚」,是提供飛機及其備份器材與維修人員免於日曬雨淋的場所(因為機場是空曠的水泥地,很熱)。有停一架大飛機的,有可以同時停兩架大飛機的,也有可以同時停兩架大飛機和一架中、小型飛機的。修護廠的造價並不便宜。

波音747-400改裝的LCF

圖片來源:長榮航空提供

Chapter 4

航　權

第一節　航權是航空公司的生命

　　航權是屬於政府的，但政府擁有的航權需要有航空公司來經營才是有用的航權／資產，才能發揮。因為每一個國家的航空運輸發展程度不一，邦交程度也各有深淺，所以在航權取得的難易程度也各有不同。有談判籌碼的國家，可以予取予求，可以要到其所要的航權來分配給他的航空公司。對台灣而言，取得美國的國際航權最容易，歐洲的航權，除了荷蘭與盧森堡以外的航權都是在有長榮航空以後獲得。能有現在的飛航航線，都是政府與航空業者努力的結果，得之不易，應予珍惜。

　　台灣1987年開放天空（open sky）初期，由於航空公司苦於政府的處境要拓展國際航權會有困難，也就有熱心人士會主動與航空公司接觸，並告稱與所在國政府的關係深厚，取得航權的問題不大，但要「仲介費」，而且又不打包票。航權既是國家的，如果政府接觸有困難，航空公司應該取得政府的同意，以民間企業身分先行造訪，於時機成熟時再請政府出面（柬埔寨即是一個成功的例子）。

　　不過政府也很難為，不是所簽的航約都是航空公司要的。有時候或許會考慮與邦交國的其他利益，簽了表面上看來是平等，但對航空公司並無實質利益的雙邊航權協定。以致目前與台灣有正式外交關係國家所簽的航權協定，都因考慮市場，航空公司都還沒有去飛。

　　有錢可以買飛機，可是要經營航空公司必須先有航權，擁有航權的政府也是要有航空公司來使用才不會浪費。台灣政府能夠保住1971年退出聯合國前的航權已經難能可貴，足夠給中華航空公司一家使用。正常而言，政府應該儲備好航權以便分配給航空公司申請使用，已經擁有的公司才不會擔心新成立的航空公司來瓜分航權，消費大眾也會樂見更多的航空公司飛航。

第二節　空中五大自由／航權

根據1944年在芝加哥簽訂的「國際民用航空公約」（俗稱「芝加哥公約」）的規定：凡簽署國際空中運輸協定的國家，在定期國際航空運輸上，對於其締約國應給予五項空中自由（The five freedoms of the air），也有人稱為空中五大自由，也就是通稱的航權（traffic right），有少數人會稱之為降落權（landing right），是狹義的航權，不一定可以載運客貨。這五大自由是定期民用飛機飛航的基本權利，也是經營國際航空運輸的航空公司的生命。因此，要經營國際航線的航空公司必須先有航權，要爭取航權先要瞭解空中的五項自由的內容，才會知道所要的。茲將五大航權分述如下：

1. 「飛越權」，是指不降落飛越其他國家領空的權利，又稱之為無害通過權；亦稱為第一航權。
2. 「技術降落權」，是指非營運目的的降落，如因機械故障或機上乘客生病等的降落，又稱為緊急降落權；亦稱為第二航權。
3. 「卸載權」，是指將在自己國家承運的客貨卸到他國的權利；亦稱為第三航權。
4. 「裝載權」，是指在他國承運客貨到自己國家的權利；亦稱為第四航權。
5. 「裝／卸權」，是指可以在中間國或延伸國卸載及裝載客貨到第三國的權利，是航空公司極力爭取的最重要航權；亦稱為第五航權。

當然還有從這五大自由衍生到第六、第七、第八、第九等自由／權利，如台灣與菲律賓的定期航線，在1998年間會開開停停，就是因為菲律賓航空反對台灣的航空公司載運菲律賓人（菲律賓航空認為應該是他的客人）經由台北去美國，就是第六航權。

第三節　航權的取得

　　以上空中的五大自由／航權，基本上除了第一及第二自由／航權因無商業行為比較容易協商取得外，其餘的自由／航權都要事先經過雙邊或多邊協定的協商，並簽訂航權交換協議後才可以生效實施，都不可能輕而易得，這些航權的協商我們常常稱為航權談判。尤其是台灣的國際環境，要取得航權已經有其難度，想爭取到第五航權則是難上加難。因此，國際上所謂的空中自由（freedom），難怪有人說航空其實一點也不自由，海運的自由才是真正的自由，好像也對。因為海上運輸，除了政府管制禁止的港口外，船公司可以安排船隻去想去的港口，沒有航空運輸的複雜。

✈航權要協商

　　航權需要經過兩國政府的協商談判，這對於一個不是聯合國會員國的台灣來說，是一件相當困難的工作。台灣光是啟動航權協商，往往就要大費周章，還要在同意協商後與對手國談判，來爭取航空公司所要的航權（大部分都是航空業者所要航權是實用的航線與班次），台灣代表在協商過程中的酸甜苦辣，可能不是局外人所能體會的。至於說「談判沒有專家，而是專家在談判」豪語，偶爾也會遭遇「虎落平陽」的窘境，畢竟國際間是非常現實的。不過，充分瞭解自己的籌碼，「抓大放小」以及「施與受」的拿捏，應該是磋商的不二法門。

　　茲舉台灣與菲律賓為例。台北與馬尼拉之間的航線始終都只有華航與菲航在飛，剛好菲律賓有一家貨運快遞航空公司有強烈飛台灣的意願，而台灣的長榮航空也有飛馬尼拉的計畫，該兩家一拍即合，就用貨機（BAe146）與客機（波音767）的艙容量換算各方可飛的航班簽訂協議，報

請各方政府同意實施。這是一個把握機會互利互惠的例子。

　　最容易取得的第一自由／航權的飛機無害飛越他國領空，也是一定要按國際慣例先向要飛越的國家申請同意才可以飛越，每一次飛越要送飛行計畫，也都要付航路通過費。例如從前台灣飛歐洲的荷蘭，要經過香港、寮國、越南、泰國、緬甸、巴基斯坦、印度、保加利亞、羅馬尼亞、匈牙利、德國、奧地利等國家的上空（飛航情報區），都有先向每一個國家申請同意，千萬不可以心存要飛越的國家小，說不定連高射炮也打不到而不申請。

✈一樣的飛越，不一樣的機遇

　　蘇聯的西伯利亞橫越東西，很長。在冷戰時期，我們對蘇聯的瞭解不多，商業及觀光的來往也少，當然也沒有直飛的空中交通。去莫斯科只有從日本或歐洲轉機。自從蘇聯解體後，情況就有所改變，東歐也形成一個觀光旅遊點，維也納已成為進東歐的門戶（gateway）。台灣飛越西伯利亞上空的可能性也因蘇聯的解體而大增（以前不與共產國家來往），可是俄羅斯要的飛越西伯利亞上空通過費用堪稱世界之最。經過長榮長時間的頻繁接觸，該公司於2001年先取得飛越的權利，使得其台北／巴黎的航線可以直飛。

　　2013年10月16日北莫協（台北）與莫北協（莫斯科）等具官方性質的單位，在台北簽署台俄空運服務協定，給予各方每週可飛28往返航次的定期航班，作為日後的台俄航線開通的準備。俄方的全錄航空（Transaero Airlines）於2014年7月2日首航莫斯科／台北的定期航班，每週一班，並與華航合作共掛班號（code share）飛航。

　　無可厚非，由於航空運輸的國際政治敏感度特別高，航權取得的難易要看一個國家的國際關係與國際地位，國際關係好的國家取得航權容易，例如美國，在民用航空運輸的航權上，幾乎要什麼有什麼，其航空公司也

可以海闊天空去發展。反過來說，要爭取航權會有一定程度的難度。當兩國交惡的時候，航空運輸也常常首當其衝。受到影響的不是只有第一飛越的自由而已，連斷絕飛航的航線都有可能，如台日定期航線因1972年9月29日斷交而全部中斷。

✈ 台日航線復航過程摘要

台日斷航後的復航也是從重新簽訂協議開始。在雙方友好議員賣力奔走下，於1975年7月9日由台灣的亞東關係協會及日本的東京交流協會（都是雙方斷交後分別成立的非官方組織）簽訂維持航空業務的協議，作為通航的基礎。按照這個協議，當時台灣唯一飛國際航線的中華航空被限制只能飛日本的羽田（以日本國內航線為主，國際航線都在新的成田機場），也因只有華航一家外國公司飛航羽田機場，對華航來說有喜也有憂。喜的是羽田機場靠近東京市區，比成田機場近很多，有如台北的松山機場與桃園機場的差別，對純來往日本與台灣的旅客有利；憂的是因為國際線僅華航一家，對要轉機的旅客會造成不方便。其他如X光機、行李推車等都是華航自備。

有關飛行的航空公司方面，日本必須由另外成立的航空公司〔1975年成立的日本亞細亞航空（Japan Asia Airways）〕取代日本航空，專門飛日台航線，但是不使用羽田機場而使用成田機場。直到2008年才又恢復由日本航空營運台灣航線。

台灣自從有第二家經營國際航線的航空公司（於1991年起飛）以後，政府積極開拓航權，長榮公司本身也積極運用其在日本的關係積極奔走，於1994年台日雙方終於同意各增加一家航空公司飛航，以及增加定期航線的航班與航點，如福岡、大阪、札幌等城市，同時也增加台灣飛日定期航線以外機場的包機額度（當時日本將包機量納入協議）。日本方面增加指定全日本航空飛航台灣；台灣增加指定長榮航空先飛航日本。到了2011

年11月10日，台日雙方為了發展觀光振興經濟，完成航空協議的修訂，對各方完全開放天空，沒有航空公司家數的限制，也沒有航點與航班的限制。成田機場也於2013年3月31日達到年27萬航次起降的同時，對台灣各航點／機場開放天空。

✈第五航權爭取不易

中間點（intermediate point）及延遠點（beyond point）等第五航權，因為對手國的航空公司會捨不得市場被瓜分，會非常的慎重（互惠原則考量）。歐洲的航空公司都已經飛到曼谷／新加坡或東京／香港，要再延伸來台灣的實質利益不大，以致台灣的航空公司難以爭取從香港、曼谷或東京到歐洲的中間點或延遠點的第五航權。

泰國為了發展觀光（尤其冬季的歐洲人喜歡到東南亞）給予台灣的航空公司曼谷與歐洲之間的航權，但對航班次數給予限制。至少比法國好，法國連航班的中間點（如杜拜）航權都不同意（因為法航不飛台灣，根本不需要台灣給中間點的第五航權）。

新加坡航空應該是最不會在意給予第五航權的國家，因為新加坡政府早就發展無煙囪的觀光產業，把航空產業也列入首要，機場的建設都能未雨綢繆。新加坡航空公司也已配合其政府打造成為服務最好的航空公司，迄今仍屹立不搖。所以新航也是亞洲贊成美國開放天空政策的第一家航空公司。

第四節　航權協定的簽訂

航權協定（air service agreement, ASA，簡稱「航約」）的格式都以「芝加哥公約」為基本架構。其內容分「主約」，也就是航約的主體，規

範簽約雙方應遵守的內容，基本上變動不大。對於航空公司所在意的飛航航班及航線，因為會常常檢討諮商，變動的機會比較大，為了避免大費周章，就都以附約（annex）形式辦理，方式與程序都比主約簡單，甚至可以以通信方式達成（因為航權協定是屬於比較機密的文件，恕無法在此舉例說明）。

因此，台灣為求航空發展，對於有航空市場的航約，就不太拘泥於簽訂的形式，這一點是值得稱讚的。也因此造成台灣簽訂的航約或協議的主體與方式之多，恐怕為世界之最。目前台灣的航約或協議有由政府出面簽的；有由雙方民航當局簽的；有由我方民航局與對方代表機構簽的；有由雙方代表官方的代表機構簽的；有由機場對機場簽的；有由民間機構簽的；有由航空公司之間簽署由政府背書的，不一而足，當然最後都需要政府的認可背書才算數。由此可見台灣政府的應變能力是要給予掌聲的；台灣的航空公司取得國際航權的困難程度也是可以理解的。

一、英國

英國、法國、義大利、德國等歐洲國家的航約，後來也都以改變簽約主體的方式，一一突破。其中要以法國的航權最具戲劇性。

法國的巴黎一直是華航爭取飛航的航線，在長榮航空成立以前，華航已經經營了十六年，政府也用買在法國組裝的空中巴士飛機（租給華航）的手段來助華航一臂之力，所以當時的交通部考慮不要浪費資源及避免兩家航空公司廝殺，採取分工衝刺的方式，將法國巴黎交由原已經努力多年的華航繼續努力；將英國交由與英國關係深厚的長榮集團去耕耘。各自全力以赴，誰先拿到誰就先飛。沒想到巴黎航權始終毫無進展，而長榮航空因長榮海運早已活躍歐洲，在英國打下的良好根基，加以民營化後的英國航空也比法國航空靈活，使得英國的航權進展非常順利，賽跑的結果，先取得英國的航權。台灣方面為了能夠落實指定多家營運，授權由台北

市航空運輸商業同業公會出面與英方簽訂航約。長榮航空就被指定飛航英國，該公司於1993年先從維也納延伸英國，開始通航〔當時希斯洛機場（Heathrow Airport）沒有航班時間帶／時刻（time slot），先飛蓋威克機場（Gatwick Airport）〕。英國的航空公司曾經開航倫敦／台北航線，但後來因為英國航空公司都已經飛到香港，再延伸飛來台灣利益不大而停航。而台灣到現在飛去英國的航班及航空公司都有增加（已有兩家飛）。

二、法國

　　法國雖有華航努力了十六年，政府也以採購（要租給華航）在法國組裝的空中巴士的方式加持都難有起色，究其原因除了法國的政治氛圍複雜外，傳聞與華航飛機尾翼的青天白日滿地紅旗幟，以及法國航空飛台灣的意願不高有關。但法方勉強同意由法航與台北市航空運輸商業同業公會簽訂航約，允許台方多家飛航。法航飛了一段時間就停飛台灣，當時的法國政府考慮華航飛機尾翼揹有青天白日滿地紅的圖案，不合適飛到法國，而長榮航空是一家純民間的航空公司，比較歡迎長榮航空的飛機飛航法國，因而台灣連巴黎也是指定由長榮航空擔綱。據瞭解長榮航空飛台北巴黎航線初期是選擇杜拜作為中間點（巴黎杜拜的旅客很多），可是因為法航反對，只能停靠杜拜加油，不能載客。後來因為有波音777-300ER飛機問世，以及取得西伯利亞的飛越許可，致長榮航空不得已選擇由台灣直飛巴黎。

三、義大利

　　在義大利航權的爭取上也不是很順利。羅馬當然是兵家必爭之地，難度相對也就比較高，米蘭、比薩都曾經試過，最後台義雙方就羅馬的客運航權達成協議，台灣政府指定中華航空公司飛航。2009年台義雙方民航局簽訂「台義空中服務技術性通航協定」，取代1995年換函之諒解

（Understanding），規定雙方航線及航班如下：

中方：台灣境內各點—待指定之中間點—義大利羅馬及／或米蘭

義方：義大利境內各點—待指定之中間點—台灣台北及／或高雄

容量條款，以任何機型營運客運或客貨混合每週7班、全貨運每週3班航，並在雙方利益均等條件下享有中間點的第五航權。

目前我方仍由華航飛航客運每週2班，經停印度德里，並與義航共掛班號；貨運則由華航與長榮各飛貨機每週1班，惟自2012年起停航。

四、澳門

1999年澳門繼香港1997年之後回歸中國，給葡萄牙統治四百年的澳門，始終沒有機場，沒有機場當然也沒有航空公司。直到在回歸前，由中葡雙方成立中葡聯合小組後，才設有民航局，也籌設了由中葡雙方共同投資的澳門航空公司，同時進行澳門機場的興建。

台澳航約在航空公司的奔走以及台澳雙方的殷切需求下，簽訂航約已水到渠成。澳門也因回歸中國，與台灣的航約希望由民間主導，指派剛成立的澳門航空代表澳門政府與台灣的航空公司來協商簽訂，台灣方面因為不是只有一家航空公司要飛，所以授權民間的台北市航空運輸商業同業公會當台灣政府的白手套，而各方政府官員都以各該民間團體顧問的名義參加協商會議。

✈ 一段澳門航約小插曲

因為當時台灣的海峽兩岸政策是「三不政策」，有了「顧問」的與會，政治上的考量比較多，會比較在意航約的用字遣詞（比較不關心航班數量），我方顧問也擔心被大陸誤以為台灣的「三不政策」已經鬆動。記得眼看就要水到渠成的一次會談中，我方的顧問突然為了澳門航空因為同

時飛航台灣與中國大陸，可能會用同一架飛機飛航兩岸，也就是會從台灣
載要去大陸的客人到澳門後，澳門航空極有可能用同一架飛機飛往大陸，
此種飛法，我方的顧問當時的認定是海峽兩岸的直航，然而澳門方面的北
京顧問則認為雖然是用同一架飛機，可是已經在澳門航空的基地（home
base）—澳門—改了航班號碼（如由NX-123改為NX-321），就不算直航
（其實北京顧問的說法是合乎國際做法），雙方爭執不休，功敗垂成。

　　雖然如此，台澳航約經雙方仔細思考後，於1995年12月1日完成由澳
門航空公司與台北市航空運輸商業同業公會簽署澳門的第一張（台澳）航
約。

✈澳門的利基

　　澳門可以說是幾乎沒有空域的地區，興建完成的機場是在珠江出海口
填出一條跑道，飛機一起飛就是進入中國大陸領空，要降落也是要先飛經
大陸領空，也就是飛機的起飛和降落都要繞經中國的珠海、廣州，而且還
要大陸的空中交通管理局引導飛航，對大陸的依賴是不在話下。台灣澳門
航線的開航（1995年11月8日）是在1987年台灣開放至大陸探親之後，所以
市場需求很大，澳門機場不但可以分流香港機場的擁擠，紓解當時台港航
線一位難求的現象，也是當時唯一可以只搭乘同一家航空公司來往兩岸的
機場，在兩岸未實現直航的時期，澳門航空有很大的利基，其地位不容忽
視。回歸後的澳門經濟發展驚人，也是來往海峽兩岸的門戶，對航空運輸
的需求殷切，台澳航約在形勢所逼情況下，於2014年10月30日完全開放，
不限座位數，也不限航空公司家數（到2014年台灣已有多家飛航）。

五、香港

　　香港始終是一個海空轉運的樞紐，是一個自由港，是一個國際金融中

心。台灣與香港的空運始終維持只有國泰與華航兩家飛航，而且所依據的是所謂的「台港交換航權協議」，事實上是由飛航的國泰與中華航空公司所簽，報由雙方政府認可的商業協議所取代，期限為五年。

按理，上述商業協議本應每五年要再簽新的協議，但由於香港地位特殊，於1997年回歸中國，導致台港間的航空安排格外複雜。1989年11月17日由國泰與華航簽五年的商業協議理應修約（於1990年4月30日生效，至1995年4月29日屆滿，為期五年），剛好碰到香港回歸前的敏感時刻，造成另一個五年到期時，協商未果，無法如期完成新約簽訂，乃再三次短暫展延。

為維持台港航線不中斷，最後台港航約終於在台港雙方妥協之下，各方不再堅持只有一家飛航，也就是打破過往獨占的局面，雙方各可增加一家公司飛航台港航線，航約改成由四家航空公司簽訂的四角航約，適合於大陸民間對民間的基調，於1996年6月12日由國泰與港龍代表港方簽署新的航約，隔日1996年6月13日由華航與長榮代表台方簽署完成簽約手續。只是雙方新加入的航空公司所飛的航班數及航線遠不如國泰與華航。後來由於台港各方想飛的航空公司有增加的趨勢，航約因而比照澳門模式，台灣方面的簽約主體改為台北市航空運輸商業同業公會，香港仍維持由航空公司簽署不變。

由於2010年左右當時海峽兩岸關係較為緩和，提升台港航約的簽約層級已漸有共識，遂於2011年12月30日改由台港策進會董事「台灣陸委會官員」與港台協進會理事「香港經濟貿易文化辦事處官員」簽訂「香港與台灣間航空運輸協定」，取代2002年以來由台北市航空運輸商業同業公會與國泰、港龍、華民及香港四家航空公司所簽訂的「台港空運安排協議」，雖然又增加不少航班，可是由於海峽兩岸已有不少航線航班的直航，以及台港市場的成長小於航班的增加，台灣的航空公司對香港的依賴程度有逐漸消退的趨勢，造成台灣香港協議的可飛航班至今還有剩餘未用的，一反過去供不應求的現象。

六、菲律賓

　　台灣與菲律賓以前也是由華航與菲律賓航空以簽訂商業協議備忘錄的方式通航，各只有華航與菲航一家航空公司飛航，到了1992年，因為雙方都有增加航空公司互飛的意願，乃改由四家航空公司（菲律賓二家，台灣二家）以共同簽署商業協議方式替代航權協議。當時菲律賓的第二家採用BAe146型貨機載運快遞貨物，而我方的第二家長榮是用波音767型的客機，在載運量的計算上曾經有以2.6的四捨五入計算為長榮可以飛每週三班波音767的趣聞。

　　由於菲律賓移民美國的僑胞眾多，來往馬尼拉與美國之間的旅客不是取道香港就是中轉台灣，致使台方的航空公司載了不少菲律賓旅美僑胞（用到第六航權），引發菲律賓航空的抗議，致使台菲航線開開停停。直到2000年9月底再經長榮集團總裁專機專程飛馬尼拉拜訪當時的總統，努力爭取菲航不再刁難第六航權的承諾後，於2000年9月26日在台北完成雙方各用經濟文化辦事處的名義簽訂新的台菲航約，台菲雙方隨即於次月10日復航，也奠定台菲航線永續飛航的基礎至今。

七、南韓

　　台灣與南韓的航線是以「中韓空運臨時協定」為基礎飛航。1983年5月5日台韓雙方在漢城（今首爾）舉行航權會商，剛好有所謂的六義士「奪機」到漢城的案件（當時不知道這些人來台後會作奸犯科），增加韓方的談判籌碼，導致韓方利用此一機會爭取到「從台北延伸到東南亞」的實質商業利益，而給予台方看似平等的從漢城延伸至歐美的航權（台美航線航班很多，台方的航空公司沒有必要將去美國的航班繞經漢城再飛美國，延遠去歐洲更不可能）。

　　台韓航線在1991年以前各只有一家飛航，1991之後雙方才各有第二家國際航空公司加入，一切正常飛航。台灣與南韓的空運航線一直維持到1992年8月24日韓國與大陸建交才中斷。台韓航線中斷後，韓方的航空公司很急，因為連飛越台灣領空都在禁止之列，影響較大。當然對台灣而言，台韓航線與日本不同，並非熱門航線，台方在沒有航空公司的商業壓力與政治考量下，也不急於復航。何時談判復航，台灣的航空公司全交由政府決定，所以才會一拖就拖了十二年之久，2002年由雙方代表處簽署飛包機協議，於2004年9月簽署協議後正式以定期飛航，每週各飛18班，2011年11月又修約增加松山／金浦的航線，每週各7班，但都僅止於第三、第四航權，沒有中間點及延遠點的第五航權。

八、越南

　　越南（以前的南越）是華航國際航線的起家地，胡志明市（西貢）與台北間的航線一直也是由越南航空與中華航空兩家飛航。越南航空公司的早期是球員兼裁判的越南航空局，到1996年才政治與企業分離，正式成立為越南國營的航空公司。1955～1975年的越戰期間，越南航空波音727型機飛到台北時，巧遇越南淪陷，飛機以及空勤組員回不了西貢，只能各奔前程，飛機則停在台北國際機場（松山機場）。

　　越戰結束，南北越統一，國際間（尤其是美國）對統一後的越南實施經濟制裁。越南的經濟中心是在南方的胡志明市，所以台灣與越南的航線一直維持台北（松山與桃園）與西貢（胡志明市），仍然只由華航及越南航空飛航。

　　台灣為了維持多家飛航的既定政策，台越航約改由航空公會對航空公會（越南也配合台灣成立了航空公會），由公會代表政府簽訂，也代表政府通知對方被指定的航空公司。越南雖然成立了第二家航空公司——越南太平洋航空，但也是公營，航空企業少有主張，一切聽政府的，成立不久

即被國營的越南航空併購，如今越方又回到只有一家越南航空飛航台灣，而台灣增加爲六家航空公司飛航越南。

　　台北與河內的空中航線是依據2002年11月28日所簽的備忘錄於2003開航。2014年10月29日台越又修航約，增加航班爲——客運：台灣／胡志明市總共每週49班，桃園／胡志明市每週共38班；台灣／河內每週共49班，其中桃園／河內每週共32班，高雄／河內每週共17班。至2014年11月載運旅客超過117萬人次。越南已成爲台灣在亞洲的重要市場。

九、英法以外的歐洲

　　歐洲的國家中要以荷蘭最早與台灣通航。荷蘭人比較會做生意，先由荷蘭以貨運爲主的馬丁航空公司與中華航空公司簽訂通航協議，由雙方政府發給批准書。經過大約三年後，再由馬丁航空推薦荷蘭皇家航空與華航另行簽訂協議，送請政府批准。所以荷蘭是台灣在歐洲的第一條定期客運航線，荷蘭航空也是歐洲第一家以客運爲主定期飛航台灣的航空公司。後來的盧森堡航空公司是以貨運爲主，並與華航合作飛航台灣。

　　奧地利應該算是繼荷蘭及盧森堡之後，台灣在歐洲突破航權的第一個無正式邦交國家（台灣在歐洲除了教廷外，都沒有正式邦交國）。當時奧地利的維也納機場公司因爲新加坡航空的退出，急於尋找亞洲的航空公司去飛，剛好有勞達航空（Lauda Air）也有意飛來台灣，而台灣的長榮航空也正積極拓展航線，歐洲也是發展的重點，在奧地利某議員的牽線下，由勞達航空創辦人Niki Lauda與台方代表在維也納達成以「機場對機場」的變通方式，簽訂航權協定，由桃園國際機場與維也納國際機場簽訂通航協議，開啓維也納與台北經曼谷的定期客運航線。

　　勞達航空開航台北不久後因故停飛台北，本以爲奧地利的國營奧地利航空公司會反對台灣單飛，但巧逢東歐解體，經由維也納轉進東歐的亞洲旅客增多，且台灣的長榮航空公司載運不少旅客給奧地利航空，所以該航

不但未反對，反而贊成長榮航空公司增加航班，更同意台灣增加航空公司飛航維也納，如今又有華航加入營運。

盧森堡面積不大，與台灣的通航是以雙方民航當局簽訂的航約爲依據，各指定航空公司飛航，因爲緊鄰荷蘭、比利時，亞洲航空公司的航班大部分以荷蘭爲主。盧森堡的航空市場以貨運爲主，有全貨機的盧森堡航空公司，與華航有長久的合作，華航的歐洲貨運中心就設在此地。長榮航空在比利時的主要業務，也是以航空貨運爲主。

十、非洲

非洲一直因與台灣距離太遠的緣故，只有爲了維持正式外交關係雙方各有定期航班飛航南非約翰尼斯堡與台北的航線，華航後來因不堪虧損而停飛，剩下南非航空一家飛航，到1997年中非斷交後才停航。至於非洲其他有邦交的國家也因市場太小，未有進展。

十一、南半球與中南半島

紐西蘭及澳洲（澳大利亞）是季節性很明顯的市場，台灣與澳洲及紐西蘭通航的初期，在澳洲方面飛雪梨、布里斯班及墨爾本；紐西蘭的奧克蘭也有兩、三家航空公司飛，可是後來也因市場不大，雙方漸飛漸少，有時候只有在台灣的冬天（是南半球的夏天）飛航。

中南美洲的國家，由於距離台灣太遠，航空公司經營不易，台灣主動爭取航權的意願不高。台灣政府曾經爲了鞏固與巴拿馬的邦交，鼓勵航空公司飛航，雖然市場不好，新成立的長榮航空就難以推辭，開闢中停美國的高雄－巴拿馬航線。也因距離實在太遠，中途停靠美國西岸——洛杉磯。台灣與美國西岸的市場還好，可是洛杉磯與巴拿馬之間的運量太小，所以這條航線由每星期飛3班開始，後來減爲每週2班，飛不到三年就不堪

虧損而停航。至於其他的中南美洲及南美洲，都因相距遙遠，對台灣航空業者的吸引力非常有限，到今天都還沒有進展。

中南半島，除了緬甸有發展潛力外，只有泰國、越南及柬埔寨的市場維持平穩，尤其是泰國，在發展觀光的前提下，不只是給了台灣第三、第四航權，連中間點以及延遠點的第五航權也有限度給了。對台灣飛歐洲的航空公司助益良多。

十二、北美洲

北美洲是航空公司必飛之地，北美洲的市場主要以美國為首，無論國際局勢如何變化，台美之間的航空運輸不曾間斷。台灣與加拿大的航約也於1990年10月22日簽訂中加「通航備忘錄」，加航於1990年12月13日飛航、華信航空於1991年12月7日飛航。2013年11月18日修約，客運容量各方由每週13班增為17班，貨運班次容量則不限，並享有第五航權；客運容量在2015年11月後，再增加為各方每週21班，總計兩年內客運班次容量增幅達61%。長榮航空1999年加入飛航溫哥華（每週3班）、2010年開關多倫多（每週3班），2019年時曾增至每週4班，後因新冠疫情影響，航班也隨之調整。

台灣為求一勞永逸，簡化航約名稱，所有航約的簽約主體已逐漸改由經濟文化辦事處簽訂。

➜航權諮商沒有標準作業程序（SOP），台灣爭取更艱辛！

經營航空公司最重要的是要有航權，視取得航權為第一要務，而航權是屬於政府，所有簽訂的協議都必須有政府的背書同意，航空公司只能協助，所以民間公司會先行探路，有眉目時才請官方見證。航空公司在策略上都會找對手國與自己比較相稱的航空公司，如華航在日本找日本航空，

在韓國找大韓航空等；長榮在日本找全日空，在韓國找韓亞航等，都是一種策略。

　　台灣自從1971年退出聯合國以後就不是「芝加哥公約」的會員國，同時也喪失參加國際民用航空組織（ICAO）的資格（ICAO章程規定會員必須是聯合國會員）。所以，當初唯一代表國家飛國際航線的中華航空公司也被迫於1974年退出國際航空運輸協會（IATA），IATA章程也是規定所屬航空公司的國家必須是ICAO會員。要保住既有的航權就已經很不容易，拓展更是困難。一時間讓政府及華航都非常緊張，台灣為維持國際航線必須改變原有空中運輸（臨時）協定或交換航權協定的簽約主體，不能再用政府官方的單位，確實是一件很大的工程。

　　台灣的航權協定（航約）在當時同胞上下一心的情況下，發揮中國人「窮則變，變則通」的天賦，一邊維持國際航線的飛航，一邊與原有簽約國交涉同意維持「實質內容」不變，只改變簽約主體為非官方，連協定的名稱也改變為民間色彩，保住了所有已簽的航空協定及已經飛航的航線。

　　談判也是給與得（give and take）的周旋，談判也要有籌碼，談判的籌碼越多，所能得到的也就會越多，這就是現實的一面。所謂的籌碼大部分指的是市場，有航空市場的國家大家都想去飛，就如大家都想飛去美國，他國的航空公司想飛去的國家，都會自然而然的展開雙臂歡迎。所以對美國不但沒有航權談判的困擾，甚至可以大到提出大家都開放天空的建議，讓各國的航空公司自由地安排航線。

　　反觀台灣，航空市場還在發展中，國際處境又很艱難，可用的談判籌碼不多，加上在兩岸直航之前大陸的因素，在國際航權的爭取上，可以用跌跌撞撞來形容。尤其在1987年「開放天空」以後更需要擴展國際航權，包括指定多家航空公司飛航、航線、班次、機型、中間點及延遠點的航權等，積極進行。

　　在退出聯合國以後，台灣在航權取得上就不重視形式，只要能讓台灣的航空公司的飛機飛出去就好，甚至也承認由航空公司之間所簽的商業協

議（commercial agreement/arrangement），如華航與香港國泰，華航與菲律賓航空，都是以簽訂的商業協議報經雙方政府同意備案的方式，作爲雙方航空公司飛航的基礎。

　　美國航空實力與市場爲世界之最，而且是一直主張開放天空的國家，只要是對美國開放的國家，美國也都對你開放，要飛哪裡、要飛幾班、要用什麼飛機，基本上美國都同意。所以台灣在與美國斷交後，馬上改由北美事務協調委員會與美國在台協會的財團法人來簽訂航約，延續原有的空運協定內容不變，無縫接軌。也因爲如此，曾經發生有台灣的航空公司在未取得政府的飛航國際航線的指定下，就申請飛航美國的窘境。

Chapter 5

民用航空的主要
國際組織

民用航空的國際性組織以「國際民用航空組織」（International Civil Aviation Organization, ICAO，簡稱「國際民航組織」）為首要，也是聯合國的最高民用航空國際組織。其次是航空公司的大家庭「國際航空運輸協會」（International Air Transport Association, IATA，簡稱「國際航協」），都是與國際民用航空相關的最重要國際性組織，只是功能不同。這兩個組織是航空從業必須瞭解的。

第一節　芝加哥公約與國際民用航空組織（ICAO）

　　沒有飛機在天空飛之前，天空中只有飛禽或輕於空氣的汽球等飛行物，而且飛禽本身就有與生俱來的偵測防撞的本能，彼此間不會相撞。即便是有了飛機，初期的飛機數量不多，也飛不快，飛不高，飛行員都是目視飛行。但航空工業發展神速，飛機的數量以及速度越來越多和越快。飛機不但要避免與飛機相撞，還要防止撞到飛禽或被飛禽撞到的危險。偏偏機場附近是空曠的區域，最適合飼養飛鴿。賽鴿腳上有辨識套環，萬一被飛機的發動機吸入，腳環對發動機葉片的損傷更嚴重，因此，有不少國家已經制定法律，禁止在機場附近的一定範圍內飼養飛鴿。台灣「民用航空法」第34條就規定，牲畜、飛鴿及鳥類禁止侵入航空站，對已侵入之牲畜、飛鴿及鳥類，顯有危害飛航安全者，得予以捕殺或驅離。想想飛禽也真可憐！連飛機都來爭原來屬於牠們的天空。放風箏雖然法令沒有明確禁止，但如果在會干擾飛機起降的地方放風箏，有關單位還是會來勸導的。

　　想到連飛禽都會對飛機造成嚴重的傷害，如果是飛機彼此在空中相撞，其後果一定是不堪設想！所以，飛機是不可以隨便飛的。

　　為了保障飛機飛行的安全，在國際上以及各國國內都設有專門機構，並制定規則來管理並監督航空公司，分技術層面與非技術層面兩種來管

飛機遭受鳥擊

圖片來源：民航局提供

理。在技術方面的具體落實，應該是在1944年12月7日第二次世界大戰結束的前夕，由美國出面邀請同盟國以及中立國在芝加哥召開的國際民用航空會議所簽的「國際民用航空公約」（Convention On International Civil Aviation），我們通稱為「芝加哥公約」（Chicago Convention）（當時的中華民國是簽署國之一），它是作為確保航機安全最重要的基礎與依據。

「國際民用航空公約」開宗明義載明：「鑒於國際民用航空之將來發展，在世界各國與人民間，極有助於創造與保持友誼與諒解，但其濫用卻能成為一般安全之威脅；復鑒於避免各國間與人民間之磨擦與促進其合作，乃世界和平所攸關；簽字的各國政府因此同意若干原則與辦法，以使國際民用航空得循安穩與有秩序之方式從事發展，而國際空中運輸事業亦得建立於機會均等之基礎上健全與經濟的經營；為此目的，乃訂立本公約」。用來專門管制空中航機的飛行與空中的運輸，且針對民用航空做規範，讓全世界的航空公司有所遵循。對技術方面的空中飛行（air navigation）、國際空中運輸（international air transport）以及附約等都有具體的規定，

也要求在聯合國下面設立一個永久性的常設機構——國際民用航空組織
（ICAO，總部設在加拿大蒙特婁）來發展飛航的原則與技術，以及制定與
主導國際民用航空秩序並監督管理，促進航空運輸的規劃與發展。

第二節　國際航空運輸協會（IATA）

　　國際航空運輸協會（IATA）成立於1945年，是以全球性民用航空公司
為主的組織，是主要由飛航國際航線的航空公司所組成，總部設在加拿大
的蒙特婁，是一個民間組織，會員以飛航國際航線的航空公司為主，是國
際航空公司的大家庭，也有旅行社與航空貨運承攬報關業參與。IATA並沒
有強迫航空公司一定要加入為會員公司，只因在1997年IATA沒有修改組織
章程之前，規定會員公司的所屬國家必須是聯合國／ICAO的會員國，導致
台灣退出聯合國的同時，唯一參加的中華航空公司也要退出國際航空運輸
協會。

　　IATA的最高權力機構是會員代表大會（每一年召開一次），設有執行
委員會及專門委員會與分支機構，處理國際航協的日常及相關的業務。

　　國際航協的宗旨是促進航空安全，協助航空公司解決共同的問題，主
要工作在於制定航空公司共同遵守的規章，如建立客運機票與貨運提單
格式的標準化，訂定危險品、活生動植物等的運送規範及運價的協調等。
IATA也協助航空公司解決與銀行之間的金流問題，透過銀行及電腦，設計
了銀行清帳計畫（Billing and Settlement Plan, BSP），方便航空公司與銷售
商之間的清帳，也協助航空公司解決航班時間帶／時刻的問題，也推出運
航業務的安全稽核（IATA Operational Safety Audit, IOSA）服務，解決了航
空公司代理友航運航業務所需的安全認證資格問題（過去要代理的公司，
均經由要委託的航空公司在要代理的公司冗長的檢驗），方便航空公司代
理業務的招攬。

　　如果航空公司所承運的客／貨不是自己一家完成，而是透過友航一起

完成的聯運時，彼此之間運費的分帳是依照航空公司之間所簽的特別拆帳金額協定（Special Prorate Agreement, SPA）進行。此種特別拆帳金額協定簽約的一方給予使用其航段的另一方的價格，通常會比市場價格低，至於低多少，則要看對方給他所要航段的價格而定，合作意願高的一方給的價格往往會是低的，反之，意願不高的，給的價格就不會低了。

清算工作瑣碎又單調，而此種工作會因為航空合作的航線越多，需求的人力也多，航空公司叫苦連天，國際航協就設立了運價清帳所／中心（IATA Clean House, ICH），為航空公司解決了問題，提供航空公司一條最便捷的途徑，只要各航空公司加入ICH（國際航協清帳所），ICH就會依據各航空公司間所簽的特別拆帳金額協定（SPA）的條款為各航空公司服務。

不過中國大陸幅員廣大，本身的航空公司也多，自己在國內已設有航空結算的單位，提醒有在中國大陸營運的航空公司，縱使已經加入了國際航協（IATA）的清帳中心（ICH），有關航空清帳結算事宜，仍必須再與中國的航空結算中心（屬於大陸的中國民航信息集團Travel Sky）簽訂合同／備忘錄，由這個中心再與國際航協的中心及與個別的航空公司結算。

較早有很多航空公司不瞭解中國大陸的這種情況，曾發生有航空公司以為已經加入IATA的清帳中心簽了合約，為何還要再簽的疑問，為此專程去大陸與民航結算中心交涉。後來才認清事實，這是在大陸做民航生意的規矩，與此中心簽訂備忘錄，在大陸的業務就會順利推展。

在台灣的中華航空公司退出國際航空運輸協會（IATA）的當時，有關方面還認為中華航空公司的退出，反而可以省去繳交IATA費用的說法（事實上，參加IATA可以享受IATA給予的免費或優待的項目，整體而言是划得來的）。

以前國際上的規章規範都以海峽兩岸未分治時期的情況訂定，在聯合國下所設的國際民用航空組織（ICAO）章程的規定，參加為ICAO會員，以聯合國的會員國為準，不分台灣或大陸。國際航空運輸協會（IATA）也比照辦理，以聯合國會員國的航空公司為加入的對象。在台灣退出聯合國之前，大陸的航空公司不能加入IATA，而在大陸加入聯合國之後，反而變

成台灣的航空公司不能加入IATA。

　　1995年中國大陸爭取IATA的北亞區辦事處設在北京，且大陸的民用航空運輸早已政府與企業分離，原來只此一家的中國民航（CAAC）分成中國國際航空、東方航空與南方航空等三大航空公司，以及北方、西南及西北等三家小航空公司，而且還有新疆、雲南、海南、廈門及上海等地方性的航空公司，當然也希望台灣的航空公司能夠加入（加入的航空公司越多越好），IATA乃先於1996年在澳門召開說明會，邀請兩岸四地的航空公司參加，為修改章程後要加入的航空公司作準備，出乎意料，參與的航空公司數量之多，盛況空前。

> **台灣航空公司的地址是關鍵**
>
> IATA修改章程後，台灣的航空公司是可以加入了，但是問題就出在IATA與台灣航空公司的通信地址，如何避免不要有ROC字樣？剛好當時筆者在北京工作，建議IATA北亞區負責人如果IATA總部可以同意比照奧運會的模式（台北的底線），本人願意請示台北，台北給了有優先順序的方案，結果不出所料，IATA選擇中華台北（Chinese Taipei）雙方都可接受的方案。

　　因此，IATA北亞區辦事處乃努力說服IATA總部修改章程，免除其會員所屬國家必須是ICAO會員的規定，IATA終於在1997通過修改組織章程，規定會員不需具備ICAO會員就也可以加入。使得台灣的航空公司又有重返IATA的機會，但各公司可以選擇加入與否。到2014年已有三百家航空公司加入。

第三節　飛航情報區（FIR）與防空識別區（ADIZ）

　　飛航情報區（flight information region, FIR）與防空識別區（air defense identification zone, ADIZ）近年來在亞洲討論很多，本書僅就背景做描述，先予說明。

一、飛航情報區（FIR）

國際民用航空組織（ICAO）把地球上的天空按照每一個國家的範圍，用經緯度來劃定每一個國家所負責服務飛機飛行的責任區，這個區域也就是我們所稱的飛航情報區（FIR），其範圍大於領空。由於每一個飛航情報區的範圍是以飛航的需要來劃定，各飛航情報區由各國政府負責航機通行的管理，讓航機安全有序迅速地通過，以及提供與航機相關的飛航情報，如氣象、目的地有無航行飛機的流量管制等。有時候，飛航情報區的塔台管制人員，也會應飛行員在航機駕駛艙的儀表有不正常顯示，但又無法確認輪胎是否已經放下或收起的疑慮時，請機場塔台的航管人員幫忙確認，這也是機場塔台飛航管制人員一種額外溫馨的服務。

通常ICAO對被劃定FIR區域國家的要求是柔性的，是採取認養的責任區制，是純粹飛航服務的提供，是一種責任也是一種榮譽。此認養的責任區範圍與國土的領空概念不同，面積大的國家可能會有一個以上的飛航情報區。因此，飛航情報區不以國家命名，而以城市命名，如台北飛航情報區——TPE FIR。目前ICAO將全球的空域劃分成三百多個飛航情報區（FIR），分由所屬的國家負責提供有關飛航的服務。

二、防空識別區（ADIZ）

防空識別區（ADIZ）的性質與飛航情報區（FIR）不同，目的也截然不同。防空識別區（ADIZ）本是冷戰時期的產物，是1950年美國先發布的，是否有必要，因國家而異，見仁見智。發布的國家是為了其國防軍事的安全考慮需要而劃定，但並不是提供飛航服務的每一個國家都會劃定其防空識別區，至今也只有十多個國家劃有防空識別區。

到今天為止，國際間尚未對防空識別區（ADIZ）下定義。防空識別區

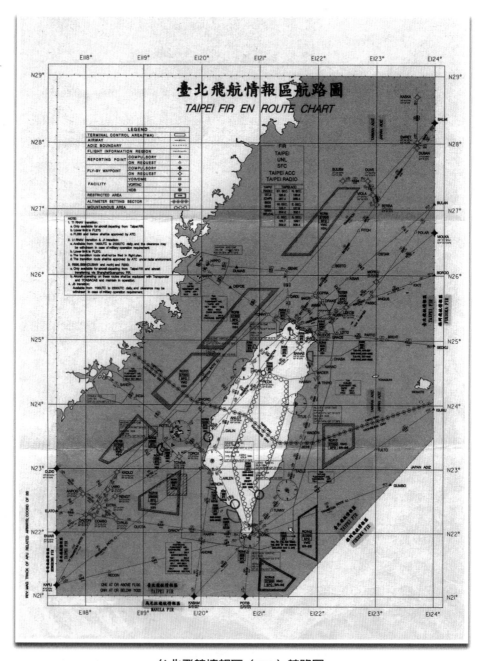

台北飛航情報區（FIR）航路圖

資料來源：民航局提供。

是一個國家因國防的需要由軍方提出的，是要求飛越的航空公司要提供航班的雷達識別，此種要求是不具國際法約束效力的，其目的是在預警，減少敵我的誤判，與航空公司提供給飛航情報區（FIR）的飛行計畫不同，也與飛行安全無直接關係，但民航機要通過防空識別區必須事先經過報備同意，未經該領空國家的同意而飛入時，會遭其驅離或透過其他途徑提出警告的，多少會帶來一些不便。尤其是劃定的ADIZ範圍與FIR重疊時（如台灣與日本）飛行員偶爾會有誤導和誤判，所幸遇有問題都能協商處理與解決，沒有爭端。

　　台灣因為空域不大，且自己的台北飛航情報區（FIR）（東經124度）與日本的防空識別區（ADIZ）（東經123度）有東經1度的重疊，而台灣的防空識別區（東經123度）又比自己的台北飛航情報區（FIR）少東經1度，也就是台北飛航情報區與日本防空識別區有東經1度的重疊（如台北FIR圖所示），常常讓來往的飛行員認為是等同FIR的範圍，一不小心會很容易進入日本的防空識別區而遭日本抗議。

　　有關台灣的「台北飛航情報區」（FIR）與「防空識別區」（ADIZ）有東經1度的差距，民航機的飛行員常會認為台北的飛航情報區的範圍等於防空識別區，而誤入日本那霸飛航情報區。《聯合報》2009年7月31日就有這樣的報導：

　　日本最西端、距離台灣才110公里的與那國島，是否要派遣自衛隊進駐，已經成為當地熱門的新聞。與那國島上空還存在台灣與日本「防空識別區」重疊的問題，也一直未解決。《讀賣新聞》報導，在與那國島是否駐軍問題被討論得熱烘烘的7月8日，日本防衛大臣濱田靖一搭乘自衛隊的U4飛機（類似灣流輕型飛機），從沖繩首府那霸飛抵與那國島訪問，這是防衛大臣第一次親自到日本最西端國界視察。當天上午7時，位於日本宮古島上的自衛隊雷達，立刻偵測到台灣北部的某空軍基地有

數架戰鬥機起飛，日本方面擔心台灣空軍的戰鬥機是針對日本防衛大臣的U4而來，也立刻從那霸基地派了兩架F15戰機前往護航。兩架F15先到與那國島上空附近盤旋了幾圈，確認台灣的軍機沒有接近日防衛大臣機的意圖後，才返航回到那霸。

資料來源：《聯合報》，東京特派員陳世昌，2009/7/30日電。

　　台日之間的防空識別區界線正畫過與那國島上空，這是雙方軍方戰管的界線。航空自衛隊幹部說，台灣戰機升空，可能是對日本想要在與那國島駐軍表達不高興。但是因為與那國島正好在東經123度的防空識別區線上，日本也無法對台灣表示抗議。與那國島曾經向日本政府反應，要求變更防空識別區的設定，但是因為這是戰後日本在美軍占領下所設定，即使日本領土被劃定在台灣的防空識別區內，日本政府無意修正。

　　有關台日在與那國島上空的航空識別區問題，過去雙方也曾經有過摩擦。1994年3月，台灣一架民間飛機在與那國島附近遭遇到日本F4戰機攔截，就差點擦出空中的火花。

　　這架台灣民間飛機接近東經123度的日本防空識別區。日方說，這架飛機的飛行路線，與台灣事前向日本照會的路線有異。在日本沖繩（我國稱琉球）那霸的航空自衛隊，透過電波試圖與這架飛機聯繫，可是一直未獲得答覆，因此判斷是國籍不明飛機，兩架F4幽靈戰鬥機因此起飛攔截，在東經123度30分，北緯28度的地點，從兩面包夾，向台灣飛機警告。

　　我方的說法則是，民航機適用的台北飛航情報區是以東經124度以西為限，因此我國民用飛機在123度30分的飛航，應該是合法的。日本軍方的防空識別區界線設在東經123度，而民航機的航管界線卻在東經124度，在空域上重疊了1度，相當於60浬的距離，成為雙方爭執的主要原因。

　　發生摩擦的地區靠近領土主權有過爭執的釣魚台群島，日本方面擔心與台灣發生的爭執，如對台灣施加壓力，會牽涉到與中國大陸的問題，因

此當時防衛廳只表示「非常困擾，這是外交問題不予置評」。

> 　　日本「防空識別區」劃在東經123度，也就是台北與沖繩「與那國島」之間。我國空軍在北部地區演訓時，只要一升空，戰機極易「進入」日本的「防空識別區」（領空），可「引發」日本航空自衛隊戰機的攔截和驅離。但兩國的飛航情報區（FIR）則訂在東經124。此線以西屬「台北飛航情報區」，以東屬「那霸飛航情報區」，因飛航情報區是提供飛行器空中飛行導航等民間飛航服務，由國際民航組織（ICAO）統籌規劃管理，所以尚不致形成重大影響，對我國民航機飛行亦不致造成安全上的顧慮。但「防空識別區」則意義不同，是一國的「領空」，任何他國飛機未經許可進入，均有被攔截和擊落的危險。
>
> 資料來源：《聯合報》，2009/07/31。

　　另外一則新聞也發生在同一天：

> ## 台日防空識別區　畫在與那國島中間
>
> 　　台灣與日本的防空識別區，以東經123度為界線，左邊為台灣戰管範圍，右邊屬日本領空，但因為歷史的「陰錯陽差」，這條線剛好畫在與那國島中間，讓台灣防空識別區「延伸」到日本領土。
>
> 　　這是民國40年代，琉球及與那國島仍由美國代管，在美軍主導下，台日協議以東經123度為兩國防空識別區的界線。航空專家指出，名義上我國戰機有權飛到我方「防空識別區」下的與那國島，但台日雙方均有默契，尊重日本對該島的領土權，雙方民航穿越會先照會，戰機訓練時則刻意彎過該區飛行。

防空識別區（ADIZ）是各國基於空防需要所畫定的空域，以利軍方定位管制，任何其他國飛機要進入他國防空識別區內，都要先提出申請，否則將被視為非法入侵，該國戰機將會升空警示。空軍負責的「防空識別區」，與民航使用的「飛航情報區」（FIR）不同，所畫定的區域也不一樣，台灣的飛航情報區從東經118度到124度間，所有民航機走國際民航組織登記過的航路飛行，台灣防空識別區則以東經123度為界線。

資料來源：《聯合報》，記者陳俍任，2009/7/31。

茲再轉載2013年10月28日《聯合報》專題報導如下，讓讀者更清楚：

飛航資訊

飛機航路、導航站、經緯度連結而成

睽違四十二年，我國2013年以貴賓身分重返國際民航組織（ICAO），除了在國際政治上的象徵意義外，對於民航專業也有實際收穫。民航局長沈啓表示，參與這次ICAO大會，民航局掌握了全球最新的空中導航、航空保安計畫趨勢，以及未來十五年全球飛航管理系統現代化的方針，有助於提升台北飛航情報區與鄰近飛航情報區間的無縫接軌作業機制。

民航局飛航管制組長洪美雲說，ICAO將全球空域畫分為許多「飛航情報區」（FIR），由各國負責認養，目前全球有超過三百個飛航情報區。台灣負責的是「台北飛航情報區」，與福岡、馬尼拉、香港、上海等飛航情報區相鄰。

每一個飛航情報區由一個區域管制中心管理，主要負責提供於該區域飛航的民航機三項服務：首先是飛航管制，讓飛機與飛機能保持安全的距

離，有序、快捷地飛航；其次是提供飛航情報，像是降落機場有沒有什麼特殊狀況，例如設施出問題、天氣狀況，或是否有流量管制等。

這是美國佛羅里達艾格林空軍基地的塔台，塔台的最大作用除了指揮飛機起降的秩序，也可以目視幫飛機看外觀或起落架有無異狀。
圖片來源：取自美國空軍網站。

　　洪美雲舉例，如果降落機場有流量管制，飛機可能要在天空盤旋一陣子，排隊等待降落，要預先告知飛行員，評估是否預先多帶一些油料。

　　第三項服務是「守助」，也就是守望相助的意思，如果發生意外，出事地點的區管中心須即時通報，通知相關單位執行搜救。

　　「飛航情報區」與「防空識別區」並不相同。防空識別區是一國基於空防的需要，單方面所畫定的空域，方便軍方監控、定位在區域內的航空器，並進行敵我辨識，主要由戰管雷達負責。飛航情報區則是由國際民航組織協調畫分，旨在確保各國民航機飛航順利與安全。

　　雷達要如何辨識空中的飛行器？洪美雲解釋，航管雷達由初級雷達和次級雷達組成，初級雷達發射出雷達波，射到目標物後將電波反射，就可依據反射波的距離與方位角，判定目標物的相對位置。

大家搭飛機時，通常只看得到艙內或地勤人員的服務，大家看不到的
航路管制員，負責指揮空中交通，並協助航機的安全隔離。
圖片來源：本報資料照片。

　　次級雷達的功用則像詢問機（interrogator），比方說，它可發射詢問資
訊到飛機上，讓其回答該機國別、目的與高度。

　　民航飛行屬於有計畫的飛航，可以預先計畫航路、飛行高度、降落跑
道、停機坪等。在飛機起飛前，區域管制中心會賦予這架飛機一個識別碼，
做為其經過不同飛航情報區的代號。

　　一般民航機上都會裝設次級雷達波回覆器（transponder），一旦次級雷
達發出雷達波觸及機上的回覆器，回覆器就會將這架飛機的識別碼以及相關
的飛航資訊傳回給地面上的接收器，各飛航情報區的區管中心也就可以清楚
知道雷達上這架飛機的資訊。

資料來源：《聯合報》，記者李承宇，2013/10/28。

導航台發射訊號　確保不迷航

　　台北飛航情報區空域，範圍為東經117.5度到124度，北緯21度到29度，空域涵蓋約17.6萬平方浬，目前有國際航路14條，國內航路4條，2012年提供近130萬次航管架次服務，飛越及進出台北飛航情報區的旅客達4千多萬人次。台灣沒加入國際民航組織（ICAO），無法獲得國際民航最新的資訊，就像全球天空少了台北飛航情報區這塊拼圖，對國際飛航安全有潛在的風險。2011年曾發生因我方未獲得充分資訊，造成一條「消失的航路」事件。

　　2011年，ICAO亞太辦公室決定將一條起自台北飛航情報區，經過菲律賓馬尼拉前往新加坡的傳統航路B348，更改為新航路M646，並決定在2012年5月3日生效。不過我方由於不是ICAO成員，所以沒被告知，也就沒在台北飛航情報區內航管自動化系統中，變更這條航路的名稱。

由於資訊的落差，所有使用新航路名稱M646的航機的飛航計畫在送進台北飛航情報區航管系統時，由於與系統設定的舊航路名稱B348不相符，導致這些航機的飛航計畫均遭系統自動剔除，直到管制員發覺「為什麼今天這條航路上都沒有飛機？」的時候才發現，增添了飛航的風險。

航路就是飛機在天上飛行的路線，像是地面上的車道，民航局飛航管制組長洪美雲解釋，傳統航路沿地面上的助導航設施畫設，助導航設施包含多向導航台（VOR）及測距儀（DM）。

多向導航台可360度發射訊號，航機接收訊號，沿指定幅向飛航，同步接收測距儀訊號，測距儀則可量測航機距離助導航設施多遠，透過助導航設施訊號的接收，駕駛員就可掌握自己所在位置，確保飛機飛行在航路上。

傳統航路的寬度視助導航設施的密度而定，如果地面上助導航設施比較密集，飛機可比較精準地掌握位置，航路可以畫得比較窄；同樣大小的天空範圍可畫更多航路，讓空域使用更有效率。

台北飛航情報區的航路寬度約10浬。當飛機越洋飛行時，由於海面上比較少助導航設施，位置的掌握較為不易，航路的寬度就要適度的加大，以確保航機間的距離。

隨著衛星定位系統的發展，飛機在天上任何一點都能精確定位出自己的經緯度座標，回報給地面航管單位，不用再依賴地面助導航設施，所以航路的寬度可以比較窄，天空使用可比較有效率；也不會因為地面助導航設施的設立受限於地形，造成航路畫設也受限；衛星系統發展後畫出的新航路，可截彎取直。

資料來源：《聯合報》，記者李承宇，2013/10/28。

航路代號　英文字母各有意義

天空雖然無限寬廣，但民航機通常不能自由飛行，得照著飛行計畫、航管單位指定的航路飛行，而航路大致分為固定與彈性航路兩種。

固定航路通常是依據禁航區（如總統府上空）、限航區、地障（山區）等來訂定，像台灣的航路，就會盡量避開中央山脈、空軍訓練空域等。傳統航路是由地面的導航設施連成，近幾年較進步的航路則以經緯度來連結。

彈性航路多運用在大洋區域，每天依噴射氣流位置彈性調整，主要以經緯度來設定航點，再將數個航點連結成航線。

　　為讓各國的駕駛員和各空中區域交通管制單位都能溝通，空中航路有一套全世界通用的代號。這套由國際民航組織核定的航路代號，基本由一個英文字母和1～999的數字組成。

　　航路代號中的A、B、G、R用於大區域航路網，H、J、V、W用於地區性航路。至於有特定高度範圍的航路或供特定種類飛機使用的航路，會在最前面再加上一個英文字母，如K，表示是直升機使用的低空航路，U表示高空航路，S表示超音速飛機用於加速、減速和超音速飛行的航路。

　　至於航路寬度，一般為中心線左右五浬，但因航路大多由無線電台訊號構成，距離越遠訊號誤差就越大，此時航路範圍就會加寬；通常航管員引導兩架飛機至少有3浬以上的隔離，或以上下高度隔離。

　　從桃園機場飛東北亞航路常用的有四條。B576：通常為飛韓國；A1：通常為飛日本或過境日本飛美洲；R583：與A1相同，加上飛夏威夷；R595：通常飛琉球、關島、帛琉。

資料來源：《聯合報》，郭錦萍，2013/10/28。

第四節　空中交通管制（ATC）

　　天空上無時無刻都有那麼多的飛機在飛，有民航機也有軍機，飛機不但不能亂飛，而且還要有序地飛。為了讓每一架飛機都能安全順利地飛過各個飛航情報區，也為了每一架飛機都能順利地起飛和降落，國際民航組織早就以「芝加哥公約」為基礎，主導民用航空發展與飛航安全事項，並訂定有關飛航標準與制度，將有關標準規定於國際民航組織的第4444號文件（目前已經到第十五版）。

　　空中交通管制（air traffic control, ATC），又稱「飛航管制」，在台

灣的總負責單位叫做「飛航服務總台」，隸屬於民用航空局。實際操作的人員叫做「飛航管制員」（air traffic controller），又稱為「空中交通管制員」，都簡稱管制員或航管人員，是實際負責指揮飛機（飛行員）的起飛、降落及飛行的工作人員。利用雷達及自動化資訊裝備，透過陸空無線通訊，提供飛機安全有序便捷的服務，是非常專業的服務工作。

空中交通管制是指地面的管制員協調與指揮在空中或機場內飛機的飛行與飛航模式，這種安全監督的模式能夠加強飛行安全，加快班機處理速度，以確保飛航安全與飛行順暢。為了方便空中交通管制員清楚監控機場內飛機的動向，塔台會設在高處而且有360度的視野。塔台也與機場的助航設施及航機的設備息息相關，內有雷達，有與飛機通話的系統及助航燈光的操控裝置等，有機場管制、區域管制與雷達自動化管制之分。塔台人員會利用無線電或其他通訊方式給予飛行員指示，導引他們進行起飛或降落的動作。

塔台管制是掌控跑道上以及管制空域內的所有飛機，他們使用雷達來定位飛機在空中的位置，或藉著飛行員回報的位置和塔台人員的觀察來判定。當飛機靠近機場後，機場塔台會引導飛機進入圓錐面的五邊飛行的進場路線，指引飛機如何安全地進入和離開的路線。對飛越不降落的飛機也必須跟塔台聯繫，確保跟其他飛機保持安全距離。

特大型的機場雖然會設定五邊飛行模式，但通常不使用。長途的商業客機會在離機場幾個小時的路程，甚至是起飛前，就向目的地機場發出進場請求，大型機場會有專屬的無線電頻道稱為「Clearance Delivery」，供起飛／離港飛機使用，使飛機能採取最直接的進場路徑來降落，無需擔心其他飛機的干擾。雖然系統讓空域暢通並方便飛行員，它需要有班機的預定行程，以便提早規劃班機的起降計畫，因此只有大型商業飛機上才能派上用場。這個系統非常先進，航管員甚至在飛機從原機場起飛前，已可早一步預測飛機降落是否會延誤，如此一來，飛機也可晚點起飛，避免在空中盤旋浪費昂貴的燃料等待降落。

　　飛航管制員通常是由航空主管機關（民航局）對外招募，有興趣的朋友，不分男女都可以去報考，英文是招考必考的重要科目，錄取後至少施予一年的航空交通管制專業訓練。飛航管制、空中交通管制是非常專業的技術工作，管制人員的英文能力也要強。因為飛機是二十四小時都在飛，現場的管制人員需要二十四小時輪班，當班須集中精神，工作是比較單調枯燥的，上班時間不可以隨便離開席位，基本上是沒有罷工的權利，但是待遇、薪水比較高，每天的工作時數比較短。

　　空中交通／飛航管制是非常專業的工作，管制員都是經過專業的訓練並取得執照才可勝任，本書就簡單介紹到此。

航路vs.航線

航路（route）與航線（line）在涵義上不同，稱呼也不同。飛機飛行的路線稱為「航路」，是指每架飛機飛航時應該遵行的飛航路線，包括飛的高度、飛的速度、前後的距離，是經民航機關指定於空中以通道形式設立之管制空域，須與飛航管制單位保持相當密切的聯繫。如A1航路，是由國際民用航空組織（ICAO）劃定的，好比地面馬路上的車道，在同一條航路上有上下與前後的區隔，飛機飛航途中有關航路有任何變更，一定要獲得航管人員的准許。

航路有固定航路與彈性航路兩種。固定航路顧名思義就是只能照著飛，不能有彈性，否則會有危險或是違法；彈性航路適用於大海洋區域，用經緯度設點，再連結各點成為航路，讓全世界的航機有所遵循。國際民用航空組織（ICAO）對每一條航路都給一個代號，例如：飛日本或經過日本飛美洲的A1航路、飛韓國的B579。而「航線」是我們所說「飛哪裡」的通稱，例如：台北／北京航線、台北／香港航線、台北／東京航線等，是航空公司運營／運航上的稱呼。

Chapter 6

航空運輸憑證與運價

第一節　客運
第二節　貨運

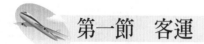

第一節　客運

一、機票

　　航空客運的票證通稱為機票（air ticket），是旅客購買機位的憑證，是航空運送人與旅客權利義務的依據，是有價證券。機票會依買賣條件的不同分成好幾種，有年票、三個月期票、旅遊票、優惠的折扣票等，也有因開票方式的不同而有手開票與現在流行的電子票（E-ticket）的分別。

　　雖然當今使用的電子機票客人是看不到的，但是客人與航空公司之間的權利義務是與紙本票一樣，如果是國際航線的機票，仍然都有國際航空運輸協會（IATA）統一的規定，全世界一體適用；如果是國內機票，也是經過政府核准。有關規定的內容，可上網查詢（以前規定條文是記載在機票背面，改為電子機票以後，航空公司都有摘要條款公告在航空公司機場櫃檯）。機票的正面是記載購買人的姓名、搭乘的航空公司、航班號、機票號碼、啟運地、目的地、訂位艙等、訂位狀況、訂位代號、免費托運行李額度、票價結構及使用期限等。

　　航空公司改用電子機票的初期，有不少旅客手中缺少實體的機票感覺很不習慣，甚至懷疑只有帶著護照或身分證件就可以去機場劃位拿到登機證。能有這樣的發展都要感謝網路科技的進步，因為旅客在買機票的時候，客人的身分證件資料已經進入航空公司的電腦，所以客人到了機場只要向航空公司出示身分證件，電腦就會核對是否無誤，旅客也可以自己去旅客自動報到機器（KIOSK）自行辦理，非常方便！

二、票價

　　俗語說一分錢一分貨，越便宜的機票，限制的條件越多，買票的時候最好先問清楚。尤其對促銷的機票，更要小心！所以一般而言，在同艙等的航班內（尤其是經濟艙），每位乘客所買的機票票價（air ticket fare）不一定都是一樣的，有散客的票價，有機票加酒店（業界簡稱的「機加酒」）的票價等。至於沒有事先買好票，要搭飛機才臨時到機場購買機票（行話說go show/walk in的旅客），航空公司就按照票面價（公告價）出售，不會有任何折扣。如果是國內航線，本來就是票面的價格，如果是搭國際航班，票面價格就貴了，除非萬不得已，搭國際航班最好避免臨時在機場買票。

　　票價比較便宜的經濟艙與比較貴的商務艙，在飛機上和在機場的服務會有差別。經濟艙在機場的劃位報到以及登機，常常要大排長龍，而且報到的櫃檯不是隨時開著，是按航班的不同分別開櫃檯。航空公司不會提供貴賓室休息，免費託運行李的重量也比商務艙少，到達目的地的託運行李也要比商務艙的行李晚送出來，登機及下機的順序一定在商務艙之後（只有一個進出口時），機上的座椅、餐飲等的提供也會有差異，更不用說有些廉價航空（LCC）會另外收費了。

　　有關國際客貨運價，IATA訂有運價規則，將全球的運價分成美洲、歐洲與亞澳三區（TC1、TC2、TC3），各區與區間，還有聯區的票價。航空公司是根據IATA的建議並參考市場的供需，自訂運價，向其政府及IATA報備，但各國政府有最後的決定權。

　　票價的制定基本上是考慮航空公司的運輸成本、旅客的負擔能力與競爭。國內航線的票價，各國有其國情考量，沒有國際航線的票價來得有彈性，都要先經過政府批准後才可以販賣，而且政府並不會全部考慮航空公司的成本，所核定的票價也不是每條航線都有利潤，如對於無其他交通工

具可替代的航線,會考慮居民的不得不搭飛機,反而從低核定,要航空公司先自行吸收虧損以後有機會再彌補,或要航空公司先給予打折賣出,再向政府要回折扣。

社會是在進步的,大部分的國家都在努力減少百姓的負擔及增加社會福利,來讓人民過得更幸福快樂。食、衣、住、行是人民生活的最基本需求,有些國家就頒布了社會福利相關法令,對年長者以及身心障礙者給予搭乘國內交通工具的優待。機票票價是交通運輸業中最高的,所給予的優惠最「有感」。

在台灣對於交通不便的澎湖、金門、馬祖給予補貼,由政府編列預算來補貼航空公司,要求航空公司先照票面價格的七折賣給離島的居民,剩下的三折再列冊向政府申請歸還。

航空燃油所占航空公司的成本不低(高者約占直接成本的50%),在油價高漲的時期,各國政府對於飛航國際航線的航空公司都同意可以對旅客收取燃油附加費,有些國家連經營國內航線的航空公司,也允許加收燃油附加費。台灣對國內航線票價是否也能比照國際航線收取燃油附加費,讓油價能夠靈活反映在航空票價上,似乎是一項可以研究的課題。

三、機票的銷售

航空的產品是看不到也摸不到的東西,看得到摸得到的只有機票(現在的電子機票也摸不到看不到)。機票有航空公司自己直接銷售,也有委託旅行社代售(純票務代理,旅行社只收佣金),或由航空公司放價錢給旅行社去包裝成旅遊團的產品,最普遍的是15加1的旅行團,即有旅客15人航空公司會送1人免費的團體,也會有旅客被旅行社湊的假團體,也有所謂的「機加酒」(飛機票加飯店)的自由行產品。

現在又多了網路。在現今網路普遍盛行的時代,上網買票的大有人在。各航空公司、各大旅行社都在大力推廣網路行銷,尤其是航空公司,

機位在他們手裡，他們有很大的發展空間。
台灣的立榮航空首創與設在統一便利商店內
的ibon入口網站合作，透過這個網站連接到立
榮的網站，販賣國內航線機票。由於超商是24
小時365天的服務，該入口網站隨時都可以使
用，而統一超商的店又遍布各地（將近五千
家），非常方便消費者的購買，尤其是在外島
的金門、馬祖、馬公。雖曾經一度引發旅行社
的反對，但國會的委員認為鐵公路的車票都

> **Total Sales的真諦**
>
> 所謂全體銷售（total sales）是建立公司全體員工要有行銷公司產品的「心意與觀念」，不可以認為行銷是銷售部門的業務，有機會就要推介自己公司的產品，當然也不是要求其他部門放下自己的工作直接推銷產品。

可以在超商買，國內機票也是與民生相關，沒有只有旅行社才可以賣的道
理，主動完成修改「發展觀光條例」，將國內機票視同車票。因此，我們
合理的懷疑，會不會有一天，航空公司的機票都會自己銷售？旅行社可能
會只賣自己加工的旅遊產品？

 第二節　貨運

一、貨運提單

　　航空貨運提單（air waybill, AWB）是交運航空貨物的憑證，簡稱「提
單」，也是有價載貨證券、憑證。提單上記載的內容比機票多，背面的運
送條款也比客票複雜。由航空公司簽發的稱為主提單（master air waybill,
MAWB）；由承攬併裝業者所簽發的稱為併裝提單／分提單／小提單
（house air waybill, HAWB）。主提單可以單獨報關押匯用，小提單則必須
連同主提單使用。一張主提單因為有裝貨可以涵蓋不少小提單。
　　提單上端的左右兩角及下端的右角均有11位數的阿拉伯數字，前三碼

是航空公司在國際航空協會的編號，後八位數是航空公司的提單編號，主要記載內容為託運人、受貨人、貨名、數量及運費等。關於提單樣張及更詳細資料，有興趣的讀者可上網查詢。

每一批空運貨物航空公司要開一份（主）提單給託運人，但航空貨物單走的不多，都會經過貨運承攬人將不同貨主而目的地相同的貨物併裝（consolidation），集成一筆比較大的貨量交給航空公司（因為一筆的貨量變大，可以支付比較便宜的運費給航空公司，賺取更多的價差），而成為航空公司的直接託運人（shipper），領取航空公司的（主）提單，開立自己的（併裝／分）提單給寄貨人。有關運送條款記載於提單的背面（可上網查閱），以為雙方遵守。

貨物提單與海關報關單也隨網路的發達而進行電子化，相關業者也都跟進，期能加速空運貨物的處理。空運貨物提單電子化（e-AWB）可以減少紙本提單的需求量，可以透過電子數據交換訊息。除了航空公司在推動外，航空貨運承攬業以及海關等政府單位的配合，都是推動航空貨運提單電子化成功的關鍵。

二、國際航空貨運運價

航空公司的貨運是賣艙位的，而艙位是按重量、體積計算的，重量有實際總重量（actual gross weight）與體積重量（volume weight）兩種。運價基本上是按重量計算。運價也會因貨物性質的不同、交運重量的不同而有不同。航空貨運運價大致上有下列幾種：

(一)普通貨物運價（general commodity rate, GCR）

又稱一般貨物運價或是乾貨，也就是不適用特種貨物或盤／櫃的貨物運價時，就按此運價收費，收費是以45公斤以下及45公斤以上每一公斤的費率計算，有關費率可參考IATA出版的**CARGO AIR TARIFF**，航空貨運業

者都有此最新版的資料。

(二)特種貨物運價（specific commodity rate, SCR）

所謂特種貨物並不是貨物比較特殊，而是在早期的航空公司看貨運市場上有流量特別大的貨物，而且有持續性時，為了吸引貨主利用空運（運費比較高），可以申請該類貨物的運價比一般貨物便宜（但每批交運量至少在200公斤以上的百進位），以供貨主使用。國際航空運輸協會（IATA）給予特種貨物的項目從0001～9999號，不同的編號項目代表不同的貨物品名，如0001～0999項大約為吃的農漁產品，6000～6999項大約為化學藥品，業者可以查詢。由於空運貨物逐漸減少，攬貨不易，航空公司按貨物的項目分別計收運費的情形已經越來越少，特別制定一定重量的貨物運價更少，已演變為通包的運價（freight all kinds, FAK），不管貨物類別，單一計費，又稱全類運費（freight all kinds）。

(三)航空貨櫃（unit load device, ULD）運價

所謂ULD是指航空貨板或貨櫃（pallet or container），又稱集裝箱。因為飛機身是略為圓形，機艙內也小，而機艙的形狀也與貨櫃船艙不同，不是方方正正，為了貨物裝機及卸機的快速、方便與安全，航空公司會提供優惠的貨櫃運價，鼓勵貨主儘量利用貨櫃運價，以便航空公司將貨物打在貨板上或裝入貨櫃內（build up）。

航空貨櫃的運價依各種不同種類盤／櫃的最大裝載重量（pivot weight）而定，貨櫃運價是按一個貨櫃計費的，所以託運人可以在每一盤／櫃的最大裝載重量內儘量塞貨，其運價也比特種貨物運價便宜。

(四)快遞貨物運價（express cargo rate）

航空快遞貨物是由航空專差發展而來，有關快遞貨物，本書已有專章

貨機貨櫃裝卸

圖片來源：長榮航空提供。

介紹。我們在此要說明的是航空快遞貨物的運費要高於其他航空貨物，它雖然也是飛機運送，但它的通關以及在機場的處理比其他貨物要快，都是與海關電腦連線，貨物經過X光機，隨到隨驗隨放，它的包裝不可以封死。從事這種行業的業者必須領有航空快遞業的執照。

　　至於其他不能歸類的貨物，也都訂有每筆（每張提單）貨物的最低運價（minimum rate/charge），來保障航空公司的基本利潤。貴重、冷凍、冷藏等需要特別處理的貨物，因為另有額外成本，其運價也會高。

　　貨物重量的計算有實際總重量和體積重量，貨運的計費重量是取兩者計算後的較高者計收。體積重量的計算公式如下：

　　1.英磅與英寸：貨物包裝外型的體積除以194的商數為體積英磅重量。

　　2.公斤與英寸：貨物外型的體積除以427的商數為體積公斤重量。

3.公斤與公分：貨物外型的體積除以7000的商數為體積公斤重量。

　點收貨人員最好不要怕麻煩，對每一筆貨物都要經過體積丈量及過磅，航空公司才不會吃虧，攸關飛航安全的載重平衡（weight balance）計算才不會失真，也才不會發生業界所說「偷重量」的事情發生。偷重量的情形有二：(1)貨物應該要按體積重量計收，而按比較輕的實際重量計算運費；(2)少計實際過磅的重量。試想：1公斤的棉花要占多少機艙空間，豈可按1公斤計收運費？

Chapter 7

航空公司(一)

第一節　航空公司的設立

　　航空公司是航空運輸最重要的主體，我們所稱的航空公司，在台灣「民用航空法」上稱爲民用航空運輸業，是指以航空器直接載運客貨郵件，取得報酬之事業。所以航空公司一定要有航空器（飛機），沒有飛機的航空公司，因爲無法從事運輸營業行爲，按照2009年12月30日以前的法規規定，如果半年內（太短）沒有取得飛機，並領有航線證書，其所領有的民用航空運輸業許可證是失效要繳回的。現行的「民用航空運輸業管理規則」就合理多了，該規則的第5、6、7條明列要先有籌設，在籌設期間依法向有關機關辦妥登記，也要自備航空器及具有從事安全營運之能力，並經審查合格後，才發給民用航空運輸業許可證。

　　爲因應事實管理的需要，並健全航空公司的體質及保障消費大眾的權益，民航局對民用航空運輸業申請設立，對「民用航空運輸業管理規則」第三條的申請設立又有更具體的規定（詳請參考民航有關法規），讓有意從事新航空公司的投資者有所遵循。因此，讓前長榮航空公司董事長張國煒得以於2018年5月2日成立星宇航空公司，並於2020年1月23日正式起飛營運。其情節有如在1989年長榮集團創辦人張榮發創辦長榮航空公司的翻版。

　　航空公司要有飛機，飛機要靠航空工業，沒有航空工業的發展，就沒有飛機的發展，沒有飛機的發展，就沒有航空公司的發展。民用航空發展初期，載運量小，直到第二次世界大戰爆發時，飛機的地位才顯重要。到今天，所有長程客運幾乎爲飛機所取代，連具有時效性的貨物都非飛機莫屬，全貨運飛機也隨客機之後誕生。

　　要讓一架飛機能夠安全飛起來需要非常多人的參與和合作，涉及到非常多的層面，小到牙籤、面紙、刀叉、水等。難怪有人說，如果能夠辦好

一家航空公司，要辦好其他的事業會簡單許多，因為航空公司所涉及的範圍相當廣，有飛機的取得，有航線的規劃，有飛機的維修，有發動機的維修，有維修機庫（又稱為「飛機棚廠」）的建設，有備份器材的製造與管理，有飛行員、空服員的訓練，有航空安全，有機上餐飲服務的訓練，有資訊系統、訂位系統，有飛機動態的管制，有航空氣象資料判讀，有航空食品與飲料的製造與供應、機上餐具的選擇、酒類的安排，有提供舒適飛機座椅的安排與視聽娛樂、機場貴賓室，有緊急逃生訓練等。此外，如何使每一航班都是滿載的客貨行銷、機上免稅品的販售等，都是航空公司要做的重要業務。

初期的民用航空運輸因為規模很小，飛機也是小而少，所以航空公司自己是老闆也是伙計，是球員也是裁判，有航空公司，沒有管理航空公司的機關，也就是說沒有政府與企業的分別。後來飛機多了，航空公司也多了，為了超然和分工，航空公司不可能再兼管民航事務，必須將與航空公司密不可分的公領域的業務，歸由政府監督管理。例如：航空公司的設立與管理；機場航空站的建設與經營；國際航約航權的爭取與分配；飛航航路的建立；飛航管制；航空保安；飛航安全；飛機失事調查與急難救助；海關、移民、檢疫等通關業務；航空油料的儲存與供應；與航空相關的國際和國內的法規等航空從業人員必須瞭解或遵守的業務。

基本上航空公司的經營規劃要以已經獲得或將來有可能取得的航權為考量的基礎，再視航線運量的多寡來安排航機的大小及航班的密度，雖然航權是航空公司的生命，但航權是屬於政府的，「要如何爭取」是航空公司要努力的課題。至於經營的策略則各有奇招，除了低價促銷的老方法外，有從餐點，有從座椅，有從視聽娛樂，從機場貴賓室，有從網路，有從機身的彩繪（如華航的水果彩繪機、長榮的Hello Kitty彩繪機等），有從服務，有從機上辦活動，有從同業結盟，有從異業結盟（如立榮航空的金廈一條龍，以及與統一公司在7-11超商內ibon網站的合作），有從廣告等著眼，不一而足。

✈ 各國都有航空公司

再小的國家都希望有自己的航空公司，但也要有公司的名字。各國的第一家航空公司也都是國營企業，幾乎都以其國家的國名命名，如亞洲的第一家航空公司——菲律賓航空公司，其他如新加坡的新加坡航空公司、日本的日本航空公司、法國的法國航空公司、英國的英國航空公司、印度的印度航空公司、泰國的泰國航空公司、中國的中國民航、紐西蘭的紐西蘭航空、西班牙的西班牙航空、荷蘭的荷蘭航空等。在航空運輸蓬勃發展以後，飛航國際的航空公司相繼成立，一個國家會出現兩家以上的航空公司，而且以民營居多，因此，新航空公司的取名至少要考慮不能與同業用一樣的名稱。

早期有航空公司的國家大都是先進的國家，也是代表國家的國營航空公司（flag carrier），沒有民航管理機關，航空公司就是民航管理機關，後來就算設有民航管理機關，剛開始的時候也是聊備一格，是管不了航空公司的。但是當一國航空公司不只一家以後，就必須設有管理部門來管，球員已經不可能再兼裁判了，也就是政治歸政治，企業歸企業，要各有所司。政治與企業分離以後，航空企業也漸漸有民營產生，公／國營的航空公司也先從股份化而後公司化而民營化，並頒布法律規章來管理。基本上，航空公司是不准有外國資本或限制國外資本額度的，是各國政府都非常關心的產業。

因為航空運輸是既傳統又先進的行業，是走在時代尖端的，是時尚的，是人類生活上不可或缺的行業。近年來基於市場背包客的需求，低成本的廉價航空公司也流行到亞洲，使得波音及空中巴士也看好亞洲的市場，積極布署。

第二節　海峽兩岸的航空公司

　　兩岸眞正有像樣的航空公司要屬1930年與當時最大的美國泛美航空公司（Pan American World Airways，1991年倒閉）合資的中國航空公司，以及與德國合資成立的歐亞航空公司。歐亞航空公司因戰爭關係，中國收回德方股份，並改組爲中央航空公司。抗戰勝利後，中國及中央兩家航空公司陸續添購飛機並恢復舊有的航線，同時開闢新的國際航線，在1946年與美國陳納德將軍等合資成立民航空運隊。此民航空運隊於1949年隨國民黨遷到台灣。大陸也因經濟起飛，成立了民用航空總局來管理航空公司等與民航有關的事業，並將中國民航分成三大三小航空公司外，各省市的航空企業也如雨後春筍，也有民營的航空公司。

　　國民黨撤退來台灣時，台灣沒有航空公司，國民黨爲維持及感念陳納德將軍協助戰後運補的貢獻，特准該隊（外國人）在台灣設立航空公司經營航空運輸業務，先飛航台灣島內航線，後飛航日本及香港航線。此民航空運隊到1955年改組爲民航空運公司（CAT），維持當時台灣的空運需求，該民航空運公司因爲發生1964年及1968年的兩次大空難而於1975年宣布解散。

　　台灣管理民用航空的法規要算在1953年5月30日制定公布的「民用航空法」，是台灣民用航空各業的母法，也經過好幾次的修正。民航法規上所稱的「民用航空運輸業」通常以航空公司稱之，是直接用飛機載運客貨郵件，取得報酬之事業。在「民用航空運輸業管理規則」中，對航空公司的申請設立完全看不出有限制設立的條文，但要被批准設立卻不是一件容易的事。

　　1959年台灣第一家國人經營的航空公司——中華航空公司成立（復興航空雖然是1951年成立，但沒有飛機營運）。華航雖然是以股份有限公司

名義設立，有股東、董事、董事會及董事長，但當時實際上沒有一個人眞正拿出半毛錢出來投資，所有股東都是爲了要符合法規需要的人頭。所用的飛機是向空軍租用的，飛行員也是自空軍借用，初期的主要業務是遠赴中南半島從事那個地區的戰地運補工作，雖尙未開展定期航線，但獲利可觀。

華航的第一條國內航線是1962年的松山／花蓮，第一條國際航線是1966年的台北（松山）／西貢（現今的胡志明市）。但華航也兼負政府交付的使命，揹了多年的「國旗」，對外代表中華民國的航空公司，包辦了台灣始發的國際航線直到1991年。華航背後有鮮爲人知的複雜性與戲劇性，篳路藍縷，慘澹經營，能有今日的規模，誠屬難能可貴！

正因爲早期的航空公司市場需求非常旺盛，獲利甚豐，幾乎沒有一家是虧損的。中華航空公司多年經營下來也不例外，累積不少盈餘，只因爲沒有眞正出錢的股東，不能分紅利，也因爲不是政府所有的國營公司，盈餘也不能繳國庫，該公司就趁航空生意興旺之時，乾脆利用盈餘採購飛機，擴充機隊，拓展航線。

由於一直無法擺脫國營的束縛與陰影，有獲利但股票無法上市，情況對華航的未來是不利的。經過政府的輔導與顧問公司的把脈，華航原有二十七位「股東」也於1988年捐出華航「股權」，成立「財團法人中華航空事業發展基金會」，並以該基金會作爲投資華航的最大股東，並先釋出25%的股份，股票於1993年上市後，就以民營公司的姿態出現，擺脫了國營的色彩。

台灣爲了因應兩岸航空運輸的需要，在1986年間開放航空公司新設立的申請，使得台灣的航空公司家數曾經達到十二家之多。無奈兩岸空中航線遲遲未開，有人笑稱飛機都已經老舊了，怎麼飛？後來眞的有航空公司轉手或合併或倒閉，到2008年7月只有七家。

1988年間，台灣爲了提升國際競爭力以及考慮海峽兩岸的需要，有了開放天空的政策，除了開放國內航線外，也開放經營國際航線的航空公

司,長榮航空公司因此在1989年3月8日正式成立,於1991年7月1日起開始營運國際定期客貨運航線。

 ## 第三節 機隊與航線規劃

　　航空公司的航線規劃與機隊安排息息相關。但要先有航線的規劃,才來決定飛機的大小與數量。航線的規劃則要考慮市場與航權,有市場沒有航權或是有航權沒有市場,都是枉然。

　　一般而言,新成立的航空公司都選擇有市場的短程/區域航線開始飛,初期的航班次數也不要多,循序漸進。如果是要過夜的航線,為了空勤組員的經濟調配,則每週的飛航次數最好不要少於三班(在外站等候下一個任務才不會太久,有效利用人力資源)。

　　台灣不比美國、中國大陸、日本等國家的航空公司,不但靠國內航線就可以維持,其國內航線甚至比國際航線獲利。台灣本島南北縱深約僅400公里,東西又有高山阻隔,台灣的國內航空,在有了高速公路後本就已經難以經營,西部平原又來了高鐵,迫使航空公司退出台灣西部幹線,遑論發展。而需要航空運輸的馬祖、金門、澎湖等外島,機場的建設又有其難度,尤其是馬祖。馬公雖可利用軍方原有的機場,條件較好,但淡、旺季非常明顯,在暢旺的夏季機位是一位難求,連飯店也客滿;冬季則因受東北季風影響,旅客稀少,也不是航空公司理想經營的市場,只有金門,因為機場設施的改進及金門廈門小三通的實施,還有一些穩定的客源。馬祖,是值得開發的旅遊市場,唯一的難題是機場的改善。

　　因此,台灣的航空公司,只有往台灣以外的航線發展一途,無奈,國際航線的開拓似乎也已經飽和。如何善用海峽兩岸空中直航的契機來挽救台灣的航空運輸業,是一個值得思考的課題。

　　民用航空真正的發展是在20世紀第二次世界大戰結束以後,初期的

民航機小而少，供飛機起降的機場也少，航空公司沒有所謂機隊規劃的問題。不過民航發展極為快速，航空公司越來越多，飛機也就越來越多，機場的建設當然也要跟著提升，航空市場開始有了競爭，有了競爭就不能為所欲為，就要有所規劃。航權與市場當然為第一考慮的要素。

但是有關航空市場研究的投入，航空公司仍不及飛機製造廠商的權威性與準確性。造飛機比造船要困難許多，因為在空中飛與在水上浮的技術相差不少，所以飛機製造廠商的「危機」意識很高，除了有大批人才研發新機種、新技術外，也有大批人才在研究航空市場，來製造各種大小不同型的飛機，提供（推銷）給航空公司作為購機時的參考。也可以說，航空公司只能就現有或將來會有的飛機去選擇購買，不比船舶可以按自己的需求量身訂造。所以航空公司的機隊規劃最好先由小而大，由少而多，累積經驗以後再逐步擴充。根據要飛航線的市場及可用飛機數量的多寡與大小，安排航班時刻，則航空公司的產品及具體表現，所有航空運輸應有的作業就圍繞航班而來。

第四節　艙等與座椅的規劃

✈座位安排對，乘客就會多！

通常飛機艙內的內裝是由買家決定的，前後排座椅的間距大小、座椅靠背的傾斜度，都決定一架客機可以提供多少機位／票的關鍵。高價機票的位子坐起來舒服但不是人人都買得起；狹窄低價的機位坐起來不舒服。所以航空公司就會按市場的情況，安排不同的艙等。當然，也有只安排經濟艙一種艙等的商用客機（都用在短程或旅遊航線），現在興起的廉價航空的飛機，大部分也都只有一個經濟艙等，而且其前後座椅的間距比一般

的航空公司還小，因為可以多安排座椅銷售。記得波音747型巨無霸客機問世後，日本航空曾安排整架客機全部都是經濟艙，座位超過500個，專門飛日本的國內航線。

60、70年代的客機只有頭等艙及經濟艙兩種艙等，差別很大！航空公司後來發現頭等艙的客人不是高官（公家付帳）就是富豪，但不是班班客滿，常有空位。因此，有航空公司推出一種介於頭等艙與經濟艙中間的艙等——商務艙（business class），也有稱公務艙，當然座椅及票價也是介於頭等艙與經濟艙之間，使得中間階層的消費者有能力享受。從此以後，長程航線維持很長時間的三種艙等，但仍有少數只保有頭等艙和經濟艙兩種艙等的航空公司，其頭等艙的椅子與商務艙的座位一樣，但賣頭等艙的票價。

✈艙等反映市場的需求

各艙等座位數量的多寡，要看該飛機要飛航線的市場狀況和該型飛機的使用率而定。如果是旅遊航線，不建議配置高艙等的座椅，反之，如果是商務或散客多的長程航線，建議就要多配置高艙等的座椅，甚至全部都是高艙等的。如果是長程洲際航線，能配一些可平躺的高艙等座椅更受歡迎。

在油價高漲時期，航空公司有感於三具發動機以上的客機飛航成本也跟著高漲，加以波音777-300ER型長程飛機的問世，以及真正可以平躺的座椅也在最近幾年通過了有關民航官署的認證，航空公司乃紛紛取消頭等艙而改以超級商務艙取代，長榮航空就是這種改變的先驅者，最先使用平躺椅在其波音777-300ER航機上，他的皇璽桂冠艙推出後頗受好評，也引起華航的回響與跟進。

每一種飛機在設計上都有它的最大起飛重量（MTW）及最大落地重量（MLW）（有關各型飛機的最大起飛及落地重量於新機出廠時就設定），

長榮的皇璽桂冠艙

圖片來源：長榮航空提供

只要合乎此一規定的範圍內，不要說是汽車，比汽車重的或體積比汽車大
的東西都可以載運。超過最大起飛重量，飛機飛不起來；超過最大落地重
量的降落，飛機結構會受損，甚至釀成事故。所以飛機的內裝（如座椅、
廚間、化妝室等）都要有重量考量，才能符合航空公司將有限的艙間儘量
利用來載運有報酬的客／貨要求，我們稱這種空間為酬載量（payload），
也就是「淨載重」。有關各主要機型的最大起飛及落地重量請參見**附錄一**。

　　以客機來說，一張座椅就是一個座位，一個座位就是一張機票，一張
機票就是一個收入，如何滿載而收入達到最高，是航空公司追求的目標。
因此，航空公司在購買新飛機時都要考慮座椅的配置，座椅的配置又與艙
等有關，而艙等又與飛機座椅製造商的產品有關。

　　商用客機座艙的布置，比設計房間還難，也不如私人飛機只要考慮主
人一人的喜好即可，而是要在一架飛機的有限空間去安排適合航空公司效
益的座位。座位多則前後座椅的距離短，腿長的旅客的膝蓋可能就會頂到

前面座椅的椅背,如果前後座椅的距離寬,則可賣的座位就少,是一個矛盾的課題。旅客的市場應該是航空公司研究的重點。

飛機上乘客座位的舒適與否,與椅子的傾斜度關係比較大,椅子的傾斜度大小又與前後椅子的間距有關。飛機上有幾種艙等就要有幾種座椅,三種不同的艙等就要有三種不同的座椅,越低艙等的座位,因間距越小越不好坐。飛機座椅供應商可以供應給各種艙等的座椅,但是機型與艙等由航空公司決定。

飛機上除了座椅外,占空間的還有空中廚間(galley,備餐及茶水間)、免稅物品間、衣物間、盥洗室等配備。空中廚間的大小、容量,盥洗室的合理配置,都比較占空間,配置多了,乘客方便,但減少可售機位配置,這都是航空公司經常要改飛機座艙的原因。

艙等座椅是可以改的,但飛機要停飛才能施做,也要花錢,會關係到航空公司的獲利,要精打細算,不能隨便。還有必須一提的,飛機上的甲板(deck)下面有很多如電線、燈光、液壓、緊急逃生指示燈、氧氣罩等與飛航安全有關的設備,因與飛安逃生有關,座椅的裝置或移動之後要經過民航機關或其授權單位的認證,才可使用。

所以航空公司會因飛機調度的緣故,調派配有商務艙的飛機去飛旅遊航線,可想而知商務艙的乘客一定很少,經濟艙一定會滿,航空公司會故意讓經濟艙超額訂位,將經濟艙的散客(FIT,價格高)免費升等到商務艙,也解決了經濟艙的超訂的問題。

長榮航空在開航不久,就創造出當時業界所沒有的艙等,既非當時的商務艙,也非經濟艙,而是介於商務艙與經濟艙之間的艙等(長榮航空取名為長榮客艙),其座椅比商務艙小比經濟艙大,椅距比商務艙窄比經濟艙寬,與商務艙一樣配有個人電視(當時經濟艙沒有配置個人電視),價格比商務艙便宜很多,只比經濟艙貴了一點,聽聞一推出即廣受消費者的喜愛,尤其備受腿長的歐美旅客青睞,這種長榮客艙到現在好像還是很夯。當今有平躺椅可伸展到2公尺長,商務艙座椅的前後排間距大約60英

寸，經濟艙大約是32英寸的座椅安排。當然座位也不能都安排寬的，也要安排比較窄小但價格便宜的機位給另一個族群。

　　一般來說，我們稱單走道的飛機為窄體客機，稱雙走道的飛機為寬體機。通常在200個座位以下的是單走道的窄體機；200個座位以上的飛機，由於機身變寬，如果還是只有一個走道，則乘客的進出就非常不方便。也不符合逃生的要求。所以多一個走道，成為雙走道的座椅布置的寬體機。還有有上下兩層的飛機，如波音747以及空中巴士A380型，它們不只是寬體機而且是巨無霸。

　　但是有一點要指出的，窄體客機的內裝並不一定簡陋，前後座椅的間距並不一定是窄，雙走道的寬體飛機的內裝也不一定豪華，椅距也不一定是寬，這完全要看航空公司的政策導向。因此，飛機的豪華與否不是看外表（外觀只是圖案的差異），是要看飛機座艙內部的裝潢與布置，座椅是最大的區別。

　　頭等艙、商務艙、經濟艙的票價是有明顯的區分，在同一架飛機上的座椅（不同型的飛機就不一定是）也有明顯的不同，高艙等的座椅比低艙等的寬。座椅的安排，有一張椅子一排，有兩張椅子一排，有三張椅子一排，也有四張椅子一排的。一張椅子一排或兩張椅子一排的都是商務艙

長榮航空 777-300ER經濟艙

圖片來源：長榮航空提供

長榮航空 777-300ER商務艙

圖片來源：長榮航空提供

以上（機尾最後一排的位子也會只有一個），兩張或三張或四張椅子一排（雙走道的中間排）的都是經濟艙。

　　一般而言，機票越便宜的座椅前後排的椅子間距越小，2013年12月26日曾有《蘋果日報》報導，美國有些廉價航空的經濟艙椅距縮到只有15公分，真是不敢想像！

　　通常航空公司會先使用單走道的窄體機經營區域性（在四小時飛行時間）的航線，它們所使用的機種以波音737系列或空中巴士A321/321或螺旋槳的單走道飛機為主，而且都有利可圖。有些航空公司還不願意再開闢長程或國際航線。當然也有本來用單走道的飛機飛短程航線並已獲利的航空公司，看到別人家用廣體長程飛機營運好像很不錯而買較長程的廣體機，沒有考慮廣體機雖然座位多載客量大，但如果市場不大，反而是浪費了座位，導致稀釋了航空公司整體的獲利，其他如飛行員的養成與飛機維修等，都要三思。

長榮航空 777-300ER 精英艙

圖片來源：長榮航空提供

　　飛機要一個艙等、兩個艙等、三個艙等或更多的，以及每一種艙等要配置的座椅數量，都要看要飛的航線性質。以旅遊為主的與以商務為主的航線，其座椅的安排會有不同。但座椅的安排，也不能都以利益思考，對於公益與現實面也要兼顧，如輪椅旅客（沒有空橋的上下飛機）、抱骨灰罈及神像（習俗不可以託運）的旅客、過胖的乘客及相撲的座位要有事先特別的安排。2013年11月13日就有英航以安全無法照料為由，拒絕法國至美國就醫的22歲230公斤的過胖病人，引發法律訴訟的報導。

　　在網路爆炸的世界，飛機上的網路視訊娛樂設備日趨重要，尤其是長途的飛行，因此，越來越多新交的飛機，打的是有Wi-Fi網路等的設備功能，來吸引客人。

✈ 另類的艙等

　　也有航空公司將靠逃生門的機位另訂一種票價，因為這種機位前面很寬，腳好伸直，目的是為了方便旅客緊急逃生之用，但並不是任何旅客都有選擇的權利，航空公司在劃位給旅客時除了要看該旅客有協助逃生的能力（年老及行動不便者不考慮）之外，還要旅客有配合的願意才行。上機時，空服員還要告知該旅客要負的責任。不過，因為這個位置腳好伸直，台灣就有媒體（中廣以及中時）在2013年11月4日報導，有歐洲的某航空公司自2013年11月26日起，針對預定長程經濟艙靠逃生門那排的乘客加收20～60歐元不等的消息。如果這種做法只是媒體上的報導，我們認為逃生門邊座椅的安排，應該要強調說明「乘客要有能力而且也願意在緊急逃生時協助打開逃生門的條件」，才不會被扭曲。

　　早期的客機是連音樂也沒有的，後來隨著飛機續航力的增加，航程可以增長，航空公司為了消除旅客飛行途中的枯燥，開始在座椅上裝有音樂頻道供乘客享用，但沒有接聽的耳機是聽不到音樂的，慷慨的航空公司提供一人一副耳機，有的要聽才給，有的要用租的。有了電影也是大家一

長榮航空有個人視聽娛樂的經濟艙

圖片來源：長榮航空提供

起欣賞的大銀幕，沒有自己專屬的小螢幕，完全是賣方（航空公司）的市場，後來航空公司越開越多，以往的優勢不再，航空公司乃掀起提供機上先進的個人視聽娛樂，甚至免費提供網路通訊的服務，來爭取高艙等的消費者。

如今只要坐上飛機，翻開機上雜誌，裡面就有機上免費影片音樂遊戲等介紹，而且已經擴展到每一個座位都有，而不是像以前只限於頭等艙和商務艙。這些都是提供寬敞座椅以外的設備，也是航空公司進步的象徵。

➜ 無形的艙等

我們所知道的艙等一般有頭等艙（已經慢慢減少，被超級商務艙取代）、商務艙和經濟艙三種，頂多四種，這些是與座椅的舒適及間距有關，是有形的。但航空公司在同樣艙等（尤其是經濟艙）內，雖與座椅無關，也有票價上的差異，航空公司為了收入，能高賣就高賣，所以有機位

確認優先順序的差異，票價高的會比低的先被確認，客人就可以先買到有確認機位的票，這些訂位優先順序的差別，是屬於無形的「等級」。

因此，在機上「同一個艙等」的乘客，雖都享受一樣的服務，但並不是都買一樣的價錢，也有用里程累積的里程點數升等的，尤其在經濟艙裡面，有散客，有團體，也有早鳥（early bird）等不同的「票種」，票種不同，票價就有不同，這種無形的等級，客人彼此之間是不知道的。

當然，有形的「艙等」，在機場及機上的服務內容就會有不同。這也說明了一分錢一分貨的道理。在機場對於高艙等的客人有專屬的辦理報到劃位的地方，有使用機場貴賓室及優先登機的禮遇。對於常旅客（frequent flyer）也會有優惠的待遇，目的在鼓勵客人多搭乘，也給客人備受禮遇的尊榮感覺。

第五節　空中餐點與空廚業

在長途的飛行中，由於飛機上的空間狹小，航空公司除了飛機座椅、視聽及通訊之外，可以變的花樣可能只有機上的餐飲了，這也是航空公司招攬顧客的一招，尤其是對商務艙及長途的旅客。

一般而言，亞洲的航空公司比較重視機上的餐飲。有推出地面有名的佳餚上飛機的，如小籠包，以及台灣口味的菜餚，如鮑魚、魚子醬等，有推出茗茶、咖啡的，真是各出奇招，無奇不有。不過，實驗的結果，飛機上的餐食，尤其是中餐，比較需要熱食，要與地面上一樣美味好像並不容易辦到。也就是說，不是地面上有的食物都能提供旅客在機上享用。像華人喜愛的燒餅油條和豆漿，由於機上的設備及安全考量，在機上食用的口感絕對不如地面上。又何況機上旅客不全是華人，各國人種都有，有不吃豬肉的，有不吃牛肉的，也有不吃羊肉的，有吃素的，有不吃魚的，不一而足。主食有吃米飯，有吃麵條，有吃麵包的，麵包有人喜歡吃熱而軟的，

有人喜歡吃硬且冷的,所以要滿足每位乘客的味蕾眞不是件容易的事。

✈ 泡麵最好吃?

在禽流感蔓延時期,航空公司要主動停止供應雞禽;在狂牛病流行時期,航空公司也要主動提供非疫區的牛肉。只有一樣是老少咸宜,尤其是對亞洲人而言,那就是泡麵,有航空公司推出後深受喜愛,後來因爲有旅客在沖泡熱水的時候被熱水燙傷而取消。

所以,航空公司用心提供機上餐食,不容易獲得乘客的讚賞(尤其經濟艙),其原因是機上設備有限,旅客的需求多樣化,能夠讓每位旅客吃到衛生安全的食物就已經戰戰兢兢了,不敢奢求機上的餐飲能滿足每一位乘客的胃口,何況很多餐點是由在國外的餐食公司供應的,品質掌握不易。

不過,也有喜愛機上餐食的商務艙(大陸又稱「公務艙」)乘客,將兩腳盤在座椅上,都快吃完一盤主菜才說食材有問題,要求再換一盤,這位乘客照樣吃光光,也算是空中餐食一景。

航空公司是否要自己投資空中食品廠,並無絕對。如果自己本身的

長榮空廚,右圖為配餐一景

圖片來源:長榮航空提供

需求量可以滿足投資設廠，最好投資，因為如有餘裕，還可以供應外國的航空公司。航空業界相互之間的生意都會給予合理的利潤。送上機上的餐量，只要當天可以來回的航線都會由基地（home base）帶來回餐。在台灣設立空中食品廠主要考慮的是市場面，並無需特准，但餐點要進入機場管制區裝卸，在台灣就屬於要經民航單位特許的空廚業。

✈飛越回教國家領空不能喝酒

長途飛行會無聊，藉酒消除無奈的大有人在，因而鬧事的也偶有發生，演變航班迫降送交警察單位處理的案件也時有所聞。酒類的提供也是一門學問，要配送多少上飛機？要準備多少種類？是否收費？如何防止旅客在空間狹小的機上喝醉酒？……這些都是航空公司要費神的問題。還有，飛在回教國家的領空時也要告知乘客，暫停供應酒類，乘客也許懷疑：在飛機上喝酒，地面上怎麼會知道？可是機上的乘客來自世界各地，可能有穆斯林的客人也在同一航班上，航空公司還是要遵守。

餐具的選擇也很重要，塑膠材質很輕但質感差，可能會有客人感覺不受尊重，金屬陶瓷的客人感覺良好，可是增加了飛機的重量，在油價高漲的今天，都是航空公司必須思考的問題。

在沒有地面上的空中廚房（catering）之前，飛機上的餐點，航空公司是請地面上的西點麵包店或是餐廳送到機場。在海峽兩岸空中直航的初期，台灣台中機場沒有空廚業，從有空廚業的桃園或高雄送餐點又太遠，為了提供兩岸直航航班餐食，不得已從台中市區送來飛機上的餐點，足以證明飛機上的餐飲不一定要來自空中廚房生產的。

Chapter 8

航空公司(二)

第一節　航空的訂位

　　為了安全，搭乘飛機要繫安全帶，而站立是無法繫安全帶的，所以不可以有「站位」。除了不需先買票，上滿就飛的客流量很大的航線（如紐約／華盛頓DC）少有訂位外，要搭機最好事先訂好位子，因為要搭機才到機場臨時買的票是全額票。事先訂好位也要在期限內購票（通常訂好位時，會告知開票的最後期限），否則所訂的機位就會被取消。因此，航空公司提供訂位的服務是必要的。

　　早期的訂位工作除了去現場以外就是用電話，但電話服務不可能二十四小時都有，到了傳真問世時，航空公司就提供人工、傳真並行的服務。可是航班越來越多，訂位量已經不是人工、傳真可以應付，乃紛紛利用電腦的發展，開發電腦訂位系統（computer reservation system, CRS）。先進的航空公司就自己研發系統，除了自己使用外，也賣給後進的航空公司。

　　各航空公司之間的系統是不相通的，如何使甲公司的航班在電腦上能銜接乙公司的航班，並取得「確認」的訊息，是一件重要的工作，所以就有如SITA、Abacus、Amadeus、Galileo等軟體公司的成立，來居間幫助航空公司完成全球訂位系統，也有航空公司成立自己的訂位中心（Call Center），也有將自己航空公司的訂位系統與其代理的主要旅行社連結，方便業務上的瞭解。

　　IATA的航空公司代碼是兩個碼，如中華航空公司是CI、長榮航空公司是BR、新加坡航空公司是SQ、國泰航空是CX、日本航空是JL；代碼是航空公司訂位以及其他的商務用（飛來台灣航空公司的代碼可查看航空公會印製的聯合班機時刻表）。另外，航空公司還有阿拉伯數字的代碼，如華航297、長榮695等等，適用於運送憑證（如機票／提單的編號）。

　　由於通訊的無遠弗屆，訂位中心的位置不一定要在總公司或是自己公

司的其他地方；訂位的工作也可以「異業結盟」，如立榮航空透過便利超商內的ibon也可以一次完成訂位購票。目前也推出手機訂位購票的方式，非常便捷。在台灣能有今日的突破，是航空公司和民航單位共同努力，一路非常辛苦走來的結果，當然立法委員的主持正義更是功不可沒，也嘉惠消費大眾。

訂位是方便了，但有少數個人或旅行社會有訂了位後取消的情形發生，甚至取消也不告知，航空公司為了訂位的準確性，減少取消訂位的空位率，會根據各個不同航線過去的訂位取消率，「故意」接受超出座位數（overbooking）一定比率的訂位，來保障公司航班的最高收入。當然，這種超額訂位的做法，偶爾會碰到訂位的客人都到的情形，這個時候航空公司只好採取免費升艙等，或轉下一班或轉請他航協助載運。

因為客人訂了位子而航空公司也給了確認（OK）以後，航空公司就要保留機位到開票期限，才可以取消該訂位，問題是少數客人訂好位子但沒有在期限內買票，也不主動取消訂位，航空公司也拿客人沒輒（只有極少數的航空公司敢有罰則），所以航空公司會在開票期限前的日子再打電話確認（清艙），以免位子空了浪費。

航空公司除了要求事前訂位外，也有提供選位的服務。初期只針對高艙等的旅客選位，後來對於長程的乘客也提供經濟艙的選位服務，都不需要額外加錢。後來有航空公司對跨洲際的航線，提供在經濟艙第一排右側及靠緊急逃生的位子的加價選位（因為腳可伸直），2014年8月12日大陸媒體報導，中國國際航空推出加收600元人民幣。

就因旅客訂了OK的機位以後，航空公司會保留該機位到開票的最後期限，但對訂位已經客滿的航班，也會在開票期限前，對已訂位但還沒有開票的客人做「再確認」的動作，此種再確認的動作，在業界也稱為「清艙」（不是真正的打掃清潔），來瞭解客人是否一定成行。因為旅客訂了位子以後，航空公司有責任保留其機位。清艙的目的是在求機位的有效運用，尤其是在旺季（對還有空位的航班就不需要清艙）。

緊急逃生門邊的座位

圖片來源：長榮航空提供

　　不是只有客機需要訂位，也有航空公司會推出貨物艙位的訂位服務，並與主要的貨運承攬業者連結，提供交運貨物的動態資料，讓貨主（託運人和收貨人）安心，維持航空公司與貨主的良好關係，也保障航空公司航機艙位的最佳利用。

第二節　航空公司的合作

一、同業的合作

(一)代碼共享

　　為了飛航安全，為了方便飛航管制人員區別與辨認飛行的航機，國際

上對所有航空公司都給予編碼（如美國航空AA、英國航空BA），就是代碼（airline code）。航空公司對於飛航的航機會再賦予編號（我們稱為航班號或是航次）。航班的編號通常稱為航次（flight number），例如：AA 001/002，前面的AA是美國航空公司的IATA兩位代碼，後面的阿拉伯數字001/002是美國航空公司某一條航線的來回航班編號。

　　既然每一個飛航航班都有編號，我們在問飛機的到達時間，最好連航班代號都說出來，例如：AA123，不要只說○○公司從XX來的飛機幾點到，以便於航空公司或機場工作人員查詢。因為大的機場航班很多，飛航的航空公司也不少，更重要的是表訂的飛機航班時刻不比火車準確，航班常因天候或其他原因無法準時，必須有航班代碼航空公司才能用電腦查詢，省時又省事！

　　再大的航空公司其航線和班次也不可能滿足廣大旅客或貨主的需要，所以同業的合作是必要的。也就是在各飛各的航線中找出彼此都有飛的航點，再從這個點銜接他家的航班，把旅客或貨物載去自己沒有飛的機場，也就是你運一段我運一段的合作，雙方談好要付給對方的價錢。需要對方的哪一些航段，就要簽訂特別拆帳協議（special prorate agreement, SPA），但是SPA不是想簽就能簽，一般來說，航線越多、航班越密的航空公司因為它的優勢已在，比較不願意把好處與航班少、航線少的航空公司分享，所以不是要拉高它的航段價格就是會壓低對方航段的價格，否則免談。

　　與越多家航空公司簽越多的SPA，以後的合作利基就越多。在兩家航空公司都有航權的航線上，慢慢又有代碼共享（code sharing，也稱為「共掛航班號」）的深一層合作，亦即「我泥中有你，你泥中有我」。不但在A公司的航機上載有買B公司機票的客人，在B公司的航機上載有買A公司機票的客人，也可以將在同一條航線上的航班加在一起，如A公司一星期有三個航班，B公司一星期也有三個航班，有了航班代碼共享以後，因為我的航班上有你的客人，你的航班上有我的客人，站在各方客人的立場，在一星期中可以選擇搭乘的航班就有3+3=6個航班，不但更方便，機票也比分開

買A或B公司的要便宜許多。

航空公司有了代碼共享以後，航班數量也因而增加，轉機次數也減少了。可以共用維修設施、設備可以共享，人員可以相互支援，成本自然可以降低，也由於成本減少，航空機票可以便宜。至於各方所需要的機位數量，會有固定數量（hard block）與不固定數量（free sale）兩種合作方式。航班代碼共享也因而越來越多。

但因為代碼共享的航班會「同時」出現兩家航空公司的航班編號（如AA/BA），不論是在機上的廣播或是機場的航班訊息看板等，也都同時出現這兩家公司的代碼（code）。我們要查看航班的情形時，只需注意自己要查的航空公司的部分就好，不必去理會是哪一家公司的飛機飛的。與飛航管制人員要瞭解的不同。

✈ 不清楚的航班代碼不准飛越通過

在代碼共享實施初期，不是只有旅客不習慣，連負責空中交通的飛航管制員也不習慣。曾經有共掛航班號的航機飛行員申請要飛越通過某國領空時，或許是該國的飛航管制人員因為交接班人員的疏忽，仍然以為一航次的航班號應該只有一家航空公司（兩個代碼）使用，對出現四個代碼申請要飛越的航機產生懷疑，不同意該航機的飛越要求，迫使該代碼共享的航班只好降落，經調查清楚再予以放行。

(二)航空聯盟（airline alliance）

航空聯盟是繼共掛航班號的合作之後，航空公司在合作上又擴大為2家以上的合作稱之，是聯合多家航空公司提供更大的航空網路與服務。基本上，航空聯盟的開始都是來自幾個航空公司之間的代碼共享網路發展而成，是兩家或兩家以上的航空公司之間所達成的合作協議，是代碼共享的延伸，加入聯盟的各公司都是利益均霑，不過各聯盟都有排他性，除非不

全日空的星空聯盟彩繪機

圖片來源：全日空提供

加入聯盟的公司才可以自由選擇合作的航空公司，但可供選擇的對象已經越來越少了（大部分都已經加入聯盟）。

全球最大的三個航空聯盟是星空聯盟（Star Alliance）、天合聯盟（SkyTeam）及寰宇一家（One world）。除了客運外，貨物航空公司之中亦有航空聯盟，例如WOW航空聯盟。航空聯盟提供了全球的航空網路，加強了國際的聯繫，並使跨國旅客在轉機時更方便，也使各家的常客享受同聯盟中各航空公司不同的服務。

星空聯盟成立於1997年，到2013年成員有長榮航空共有28家航空公司，總共飛航199個國家，1,826個航點，市占率39.3%。寰宇一家成立於1998年，到2013年成員有國泰航空等15家航空公司，飛航152個國家994個航點，市占率23.2%。天合聯盟成立於2000年，到2013年成員有中國東方航空等20家航空公司，總共飛航178個國家1,064個航點，市占率24.6%。由於

各聯盟的航空公司家數、航點會有變動，如欲瞭解更詳細資訊，可隨時上網查詢。

二、同業的競爭

做生意除了獨占以外都要面對競爭。但是航空公司的競爭只有在市場銷售的方面，因為航空公司之間的同質性非常高，用的飛行人員、空服人員、用的飛機、維修人員、地勤人員、航空食品、機場運務人員、機場貴賓室等等，都有同質性，彼此之間需要支援的機會很多，所以航空公司為了減少與同業的競爭而有了聯盟，在聯盟內就算有競爭也是良性的，可是聯盟是有排他性的，不允許與其他聯盟的合作。聯盟與聯盟之間要避免不是朋友就是敵人，恐怕是要靠智慧了。

不管是參加哪一個聯盟，以目前三大聯盟中任一聯盟的航班航點應該都可以滿足旅客的需要，所以是合作大於競爭。而競爭應該只有一個，那就是市場的銷售所要面臨的「價格」。決定價格的因素除了成本以外還有很多，市場的競爭也占不少比例。在美國是反托拉斯（Anti-Trust）的，也就是開放自由競爭的市場，任何行業是不允許有價格上的獨占或是聯合壟斷，連航空同業之間的相聚喝咖啡都被懷疑有討論價格的可能。如被檢舉而經調查屬實，則會被罰相當可觀的罰款，不可不慎。

三、異業的合作與競爭

開設航空公司的投資報酬率很低，有時候連合理報酬率都達不到，航空本業的報酬率常常低於其附屬的周邊產業。為什麼？理由很簡單，航空公司的附屬產業如空中餐點的製造及機場的地面服務等，都是屬於寡占甚至是獨占的生意，而且是對同業提供，價格不可能低到無利可圖。所以有航空公司就會研究在其母公司的基地投資設立機場地面服務公司及空中餐

食工廠，除了供給自己以外還可以提供給外航。

　　在台灣，以國內為主的航空公司在面對高鐵的競爭時，就有與異業合作而且是成功的例子。在海峽兩岸還未直航前，立榮航空發現來往兩岸的旅客，除了經由香港或澳門中轉外，對於來往台灣（金門）與福建省（廈門）的台商可以利用已有的小三通方式，用該公司已有台北、台中、嘉義、台南、高雄等五條本島到金門航線的優勢，率先結合輪船與遊覽車的服務，推出陸、海、空聯運的一條龍套票，取名稱為立榮金廈一條龍，並分別在海峽兩岸享有十年的商品註冊，迄今屹立不搖，是異業結盟的典型。

　　立榮的金廈一條龍對旅客而言是一步到位（one stop service）的服務，該公司一條龍套票推出以後大受顧客的喜愛，也引起同業的共鳴，雖然產品的名稱不同，但做法都與立榮無異，作業流程也是一樣，到現今也只有立榮航空每一個月在印一條龍船班／航班表，免費提供旅客及同業使用，就連民航局推動的小三通去程行李直掛（因為尚未對回台灣的行李在大陸做好安全檢查，所以只有去程），也是以一條龍套券做基礎。雖自2008年7月已有兩岸的空中直航，但小三通一條龍有航／船班密度及價廉的優勢，在肺炎疫情未擴散前維持穩定。

 ## 第三節　航空貨運

　　飛機的速度很快，除了人需要快之外，貨物也講求快速，所以載人的飛機上順便裝貨。早期的飛機小，貨物都是散裝在飛機的腹艙（飛機的肚子，在旅客座艙甲板底下），雖然需求有增無減，但仍以載客為主，可供載貨的艙位還是有限。隨著航空工業的快速發展，大型飛機的出現，可載運貨物的艙位越大，對航空貨運的市場需求也就越大，相互影響所及，航空貨物對飛機艙位的需求也有增無減，而有全貨機的出現，也有全貨運航空公司的產生。

　　飛機可供載貨的空間越來越大的結果，所載運的貨物已經不適合用散裝方式處理，為了安全與快速，航空公司仿效海運使用貨櫃（container，又稱為「集裝箱」）的觀念，以集裝的方式，發明了航空用的貨櫃或貨板（pallet）。航空貨運業者將這些貨櫃或貨板總稱為unit load device（ULD），這些裝具，在台灣業界稱貨板為貨盤（取P的音），有高盤與低盤之分；稱貨櫃為櫃，有腹艙櫃（lower deck）與上艙櫃（upper deck）。

　　在訂艙位及作業上都說幾個盤幾個櫃。貨櫃是固定形狀，所以貨櫃裝貨只能充分利用貨櫃內的空間（航空貨櫃有稜有角的多，方形的少，不工整，難裝），貨盤裝貨則要將貨物堆積疊成貨櫃狀（充分利用機艙空間），再用塑膠紙及盤網將貨物繫牢固定。通常需要熟練的老手才能打出滿載的盤貨，且不傾斜變形或超出貨機艙門無法裝機。

　　新加坡和香港是自由港，沒有關稅的問題，它們的空運進出口貨物可以整盤整櫃進出機場，也就是說航空貨運代理商可以自己拆／打盤櫃

客貨混用機裝貨情形

圖片來源：長榮航空提供

（break down/ build up）貨物，航空公司就以整盤整櫃計收或點交，簡單明瞭。而台灣除了海關認為貨盤貨櫃為未稅物品，有流入國內的顧慮，不同意自由進出機場外，貨運代理商又沒有足夠的監管設備，以致所有的空運貨物，不論是盤櫃裝或是散裝，都只能在機場的保稅倉庫（貨運站）裝／拆貨物通關，更無法做到如新加坡、香港由託運人自己打盤裝櫃（shipper's load）直接送機場裝機。

ULD的裝具利用在航空運輸上大致有以下的利益：

1.增加運輸能力，節省成本。

2.保障貨物品質，避免損傷與偷竊。

3.迅速轉運，便捷處理。

4.方便達到門對門（door to door）的直接運送。

5.節省勞力。

6.提供較低廉的貨櫃運價。提供通包的運價（FAK），或是比一般貨物低廉的貨櫃運價。

台灣也有類似新加坡、香港的自由港功能的自由貿易港區（free trade zone），在桃園機場的遠雄自由貿易園區，可惜的是，它尚未發揮自由貿易區應有的功能，大部分的業務還是與機場貨運站無異，以空運進口出口的貨運為大宗。

航空貨運需求越大，飛機也越大，波音747型飛機也有在主甲板的後半部設置約40噸貨物的貨艙（一般可裝十二個高盤118吋ULD貨）的客貨兩用機（Combi），到了2012年以後因航空貨運量逐漸減少，客貨兩用機也就慢慢被淘汰。

第四節　承運航空貨物應有的認識

　　爭取貨源雖是航空公司的目標，但也非來者不拒。除了要瞭解本身是否具有乘運的能力外，國際貨物還要瞭解各國的政策與規定，以免公司遭受無謂的損失。茲提供以下八大項目供作參考：

1. 目的地（destination）：目的地機場的設備有無處理的能力？如需安排他航轉運，他航是否願意？他航所要的費用是否合理？

2. 貨物（commodity）：空運貨物的種類比海運繁雜，限制也多，尤其是危險品（dangerous goods, DG，早期稱爲restricted articles）。有些是根本不能空運，有些是限制只能裝在全貨機，就算能裝運，有些還有量的限制。有些是目的地國家禁止進口的。所以航空公司要從託運單、提單、包裝清單或發票去瞭解，再核對是否合於IATA有關承運危險品的規定，以免觸犯規定，更可保障航機安全。其他如保護生物法令、禁止通商、禁止進口等規定，航空公司人員不可不知。

3. 包裝（packing）：首先要詳閱託運單或提單，再看包裝。包裝必須適合運輸裝卸、搬運、預防偷竊、不傷人與其他貨物或財物。承運的航空公司只能對外包裝的完整負責，如外包裝有異常，最好會同貨主及公證行製作異常報告，以作爲事後理賠的根據。對活生動物需注意是否健康、籠子是否牢固、是否有足夠的食物和水，對貴重品更需注意包裝的簽封條是否加封完整。

4. 尺寸與重量（size and weight）：對於貨主無法判斷航空公司能否裝運的貨物（超寬超長），託運人會事先與航空公司協調，問題不大。比較傷腦筋的是，用肉眼無法辨別是按體積重量計費或按實際重量計費的貨物，加上人懶得去量尺寸的本性，很容易被有心人士利用，不去丈量體積（比較費時間），而只用過磅（省事省時）的重量

計算運費，不但可能影響飛安，也可能影響航空公司的營收，不可
不慎！

5. 運送文件（documentation）：承運的航空貨物要給予託運人提單
（航空公司給主提單），每一航次裝機的空運貨物都要列在艙單
（manifest），艙單上記載所承運貨物的提單號碼、件數、重量及性
質。

6. 設備（facilities）：對於外型特殊或要特殊處理的貨物，要先瞭解機
場的設備。

7. 標誌與標籤（marks and labels）：對於特殊的空運貨物，如冷凍、冷
藏、貴重以及危險品，要有特別的標誌與標籤以為識別。

8. 艙位預留（reservation）：除非是小貨，要有艙位保留，尤其是大
貨，否則會有無法裝機的風險。

第五節　廉價航空（**LCC**）

　　前面已經談過，飛機的票價比其他的運輸貴很多，可是飛機最快，客
人只是為了不浪費寶貴的時間才不得不坐飛機。在飛機上是無聊的，也談
不上享受，要享受高級服務的機票更貴，導致一些中小型的航空公司在激
烈的競爭當中，瞭解消費大眾真正的需要是：要便宜的機票。乃朝著儘量
由旅客自助的方向，如上網購票、自助報到、自助劃位來節省人力成本，
採用低票價的經營策略來吸引另外的客群。

　　美國幅員遼闊，飛機是最常用的中長途交通工具。美國的西南航空
（Southwest Airlines）有鑑於此，首先開辦了廉價航空。究竟low cost carrier
的中文是用廉價航空好，還是低成本航空好，名字不重要，只要既安全又
便宜的航空公司就好，就算有人稱其為預算型航空（budget carrier），我們
認為都可以。在此要祝賀廉價航空的興起，也要恭喜廉價航空已經成為一

個新興的中短程航空市場。近幾年來在亞洲已掀起一股熱潮，成爲背包客的最愛，值得鼓勵。

✈ 飛安成本不能省

飛航安全是大家的追求。民航主管機關對於飛航安全的要求是不分低成本航空公司或是一般航空公司的。有關法規規定的飛機維護、飛行員與空服員的基本配置均攸關飛航／飛安，也是不能省的。也就是說廉價航空公司不可以也不可能在飛機的適航標準上去節省成本。所以，我們在恭賀廉價航空成功之餘，在節省成本的同時，要與一般的航空公司一樣，把安全擺第一，並儘量減少與消費者的糾紛。

廉價航空主要能省的成本是把營運／運營成本控制到比一般航空公司低爲訴求，廉航的旅客比一般航空公司多了自己要辦的工作，甚至要多付想都想不到的費用，例如：簡化機場報到的服務、降低免費的託運行李重量、沒有貴賓室的免費使用等，以及幾乎是零的機上服務、選座位要加價，有的公司喝水也要錢，使用洗手間要錢，想喝咖啡、酒更要收費。降低票務成本，如自己要上網訂機位、上網辦理報到登機手續，如減少客艙等級，甚至是單一等級，只用一種登機證或鼓勵上網辦理登機手續，儘量減少用人成本。其他也有提早促銷一年半載以後的機票等情形。

低成本航空公司雖然票價比較便宜，但客人往往有很多手續要自己做，再者，低成本航空公司爲了多載客人，機上的座位會比較窄（前後左右），坐起來不是很舒服，不提供或少提供機上娛樂雜誌，有提供豪華平躺座椅的廉價航空公司，票價比一般廉價航空貴，比非廉價航空便宜。除此之外，對便宜的機票會有比較嚴格的配套要求，廉價航空的基本責任是將客人平安送到目的地。也有客人用一般買航空公司機票的想法，一次買了兩張廉價航空的機票，後來有一人因事未搭在機場被拒絕劃位搭機，氣憤塡膺（2013年11月25日《蘋果日報》的客訴）。廉航拒絕的理由是：這是

兩人行的便宜機票（其實有人認為廉航應可補差額解決，只是可能補了差額以後的票價比買一般的機票還貴）。

當然，為了市場競爭的需要，有些國家的機場業者會在其比較次要的機場或比較空的時段提供比較便宜的收費（通常是三更半夜，即所謂的「紅眼班機」），次要的機場一定是要花比較多的地面交通時間，比較空的時段一定是少人活動的時間，說不定連機場的工作人員也比較少，服務的品質可能會比較差。

總之，廉航以下列方式來降低成本：

1. 採機隊的單一化。
2. 減少地停時間增加飛機使用率。
3. 使用便宜的機場設備、減少租用機場內較昂貴的設施。
4. 簡化機上服務，改成付費。
5. 降低票務成本，推廣網路的使用。
6. 減少用人，改以約聘方式僱用員工。
7. 減少公共活動區域，增加班機座位。
8. 不提供或只提供收費的機上視聽娛樂器材、雜誌及報紙。
9. 行李託運的免費重量降低，甚至改成需額外付費方可託運行李。

此外，也有部分廉價航空不退款，臨時更改時間及地點都會額外索取手續費，有時花的手續費便超過當初所購買的費用（機票及各項稅款）。

 ## 第六節　航空公司總部及分支機構的設立

由於早期馬路車輛不多，公路交通順暢，機場附近人煙稀少，網路通訊並不發達，城市中心才有人來人往，政府機關也在市區，因此航空公司的總公司（總部）也大都設在城區，後來因為機場捷運系統的興建，通訊

網路的發達，市區土地狹小又貴，總部就慢慢地往機場附近遷移。如今似乎已經沒有航空公司的總部是設在市中心了，市區只留營業銷售部門。也有少數航空公司在有虧損的時機，出售城內的辦公大樓，搬到機場或在機場附近蓋辦公大樓以後，因為成本降低，就轉虧為盈。

✈ 外站分公司的設立

航空公司不論是飛國內或國際航線，所有飛航的航點都要設立辦公室登記，有些航空公司為了國外辦事處設立登記能順利，乾脆多花一些錢找當地的律師辦理。負責人最好是派公司自己的人，代表公司處理在當地的事務。如果航點是在總公司的國內，問題會比較單純，如果是在其他國家，則所要投入的人力和物力會多很多。

在較早時期，中美關係良好，有「中美臨時空運協定」可以依循，美國的航空公司辦理來台灣營業的手續是非常簡單的，只要依據該協定規定辦理就好。但曾有美國的航空公司委託當時台灣有名的律師事務所，辦理該公司台灣分公司的設立事宜，被認為是闊少爺的做法，也說明了「在家千日好，出門寸步難行」。的確！尤其是在國外，不是分公司或辦事處設立了就好，為了飛航，其他要辦的手續還多如牛毛，運氣不好的時候還會在極少數的國家碰到干擾，明明都有雙方的航約協定可以遵循，仍然會百般刁難的情況，更甚者，有時候就連國際上都認可的無害飛越領空的申請都不是想當然耳，不是要高一點的航路通過費，就是偶爾會想一些名目來讓申請人感謝的花樣出來。在其他有營業行為的申請如果碰到麻煩就不足為奇了。

✈ 派外人員要以一當十

在飛航國外的航點上也不是沒有麻煩，光是「人」的事情就不少。當

然，不同國家會有不同的條件。派駐國家中有的寬鬆、有的嚴苛，派駐人數也有限制，不是航空公司想派幾個就能派幾個，工作簽證是由派駐國家發的，核發的時間長短不一。有些國家對於要僱用其當地的人（增加該國的就業機會）也會發生在一般國家所沒有的規定，例如：航空公司要用的人不可以自己挑選，而是由駐在國派給，當然薪水是航空公司付，後來有放鬆到「人」同意由航空公司挑選，但形式上還是要由派駐國派，駐在國收取人事「管理費」。

因此，所派幹部的辦事能力與人際關係非常重要。在幅員大的國家，除了派有總代表外，還會按所飛的航點分派有該區的負責人，各機場一定也要派有機場的負責人，派駐機場的人，要監管各航班是否正常運作，要和機場中與通關有關的相關單位（如海關、移民、安全檢查、檢疫、機場公司、空中航管、塔台等）保持良好的關係與聯繫。當然也有不設分公司或辦事處的航空公司，將全部業務委託代理公司全權代理的做法。

 ## 第七節　航班準時，空怒族不來

運輸交通業最容易激怒旅客的就是不準點，特別是航空運輸業，因為航空公司在航線與航班的密度上總比鐵公路少很多，而且旅客都是要比搭汽車、火車早到機場，遇到航班不能準時的時候，心裡的煩躁是可理解的。但飛機的調度卻不比汽車靈活，面對煩躁的要搭機沒機可搭的旅客，如果處理不好會馬上出問題，如果長時間不見改善，老是誤點，乘客會有受不了的一天，也會厭煩航空公司「對不起，下次會改進」的老話，更會厭惡把責任推給與航班有關的其他單位，最後才會有媒體上所稱的「空怒族」（air rage）的出現，因為客人所要的是應該有的正常服務。

✈ 航班也會插隊

其實航班不能準點的原因很多，有航空公司本身的原因（如飛機的維修、飛機組員的調度、航機調度不當等），有天候的原因，有旅客本身的原因（如遲到、證件欠缺、臨時生病等），有機場的原因（如空橋故障、跑道整修、跑道不足等），有塔台管制的原因，如果確實是因為離到機場的飛機太多的流量管制，或者是緊急的生命技術降落，大家都還能忍受，一般人可能不知道飛機會有插隊而造成航班延後起飛或降落。當然我們也不願意看到航空公司為了解決航班的準點而省去航機到站時應有的艙內清理。

既為定期航班，航空公司就要按表操課，改進航班的準點率才是正確的辦法。航班不準時會造成旅客的不便，嚴重還會鬧事，更嚴重的是不下機或拒絕登機，造成航空公司的困擾。因此，有些國家乾脆立法來賦予警察機關可以採取強制執行的權力。但如果航班誤點是可歸責於航空公司，航空公司就要負起責任，不能老用業界慣用的理由「因為來機晚到……，下一航班只能晚飛」的說法，將責任撇清，但旅客仍會認為是航空公司的原因，旅客還是無辜的受害者。不過如因天災等不可抗力的原因，雖然航空公司也是受害者，航空公司還能對乘客提供妥善的安排，乘客應該給予鼓掌。

各航空公司對於航班不能準點的做法有很多，各家的處理方式也都大同小異，只有數量與價值會有不同。視延誤情況的輕重會給予不同的補貼。補貼方式包括給折價券、提供交通、提供餐飲、提供通訊、提供住宿等；也有空服員未雨綢繆而到廟裡祈求不要誤點的做法，不管效果如何，這已經充分體現航班準時的重要性，也體現航班誤點的嚴重性了。

搭飛機與搭鐵路或汽車不同，就算已經買好機票，旅客還是要在航班起飛前的一定時間內（國際航線要比國內航線多）到機場辦理劃位、行李

託運，還要通過安全檢查及證照查驗等手續。航空公司在旅客辦完報到劃位以後，還要準備餐點、製作艙單（manifest）、計算飛機的載重平衡及航務、海關等手續。機場櫃檯與登機門會有一段距離，客人如果有託運行李，航空公司還要送上飛機，客人的餐點也要準備，飛機起飛前要製作旅客及貨運艙單、飛航計畫等給機場有關單位，飛機才可以起飛。所以要給航空公司作業的時間，不能和搭鐵公路運輸一樣，只要在發車前到月台就好。

　　機場工作人員最怕的航班異常是「航機故障」，機務人員常常無法給機場地勤人確切的修復時間（機務人員也難為），使得面對旅客的現場人員不知要如何答覆旅客，說久一點，客人不滿意；說早一點，萬一還修不好更糟。造成旅客不滿的還有天氣原因（尤其台灣常有颱風），航機無法準時起飛或降落，航空公司及乘客都是受害者，但航空公司基於服務的立場，要負起責任，對於因而延誤或轉降所產生的費用自行吸收不談，還要忍耐旅客的抱怨也是應該的。有關颱風不得已的轉降，航空公司要做到何種程度顧客才會滿意，恐怕短時間是一個無解的難題，有賴大家坦開心胸，一起來思考解決。

Chapter 9

空勤人員

　　本章所稱空勤人員是指在飛機上服務的人員，主要是指飛機駕駛員與空中服務員，並非台灣「民用航空法」第2條第四項所指「航空器駕駛員、飛航機械員、地面機械員、飛航管制員、航空器維修員及航空器簽派員」的全部航空人員（這些人員都要先經過專業的訓練，並取得民用航空局的執業證照以後才可以執行工作）。本書僅就飛行員及空服員的進用、訓練、管理作說明。在前艙（駕駛艙）的飛行員與後艙（客艙）的空服員要如何密切合作，駕駛艙的正、副駕駛如何遵守工作手冊並養成分工合作的默契，都是航空公司保障飛航安全的重要課題。組員資源管理（crew resource management, CRM）亦值得航空公司重視。

第一節　飛行員

　　飛行員（cockpit/flight deck crew, pilot），也有人稱為飛航員或駕駛員，是操控飛機的人，是取得飛機駕駛檢定證及體格檢查合格證，可執行航空器駕駛的機長／正駕駛、副機長／副駕駛，是台灣「民用航空法」第2條所指的「航空器駕駛員……」；同法第24條並規定「航空人員應為中華民國國民。但經交通部核准者，不在此限。」本節所探討的是飛機民航駕駛員。

　　飛行員是操控駕駛飛機的靈魂人物，是保障飛機安全的關鍵人，飛行員最值錢也是最難能可貴的是：碰到緊急情況時能不慌不忙、有條不紊地按照標準作業程序處理。通常要培養一位從對飛航一點都不懂的人，到能飛國際航線的商用固定翼飛機機長，一般都要長達十年，但也不是十年一定就可以訓練出一位成功的機長。

　　台灣由於領空小高山多，可利用飛行的空域很小，不要說開辦民航飛行學校，連軍方飛行員的訓練都有受限的問題，一個不小心，很容易就飛到鄰近國家的領空。早期台灣的航空公司不多，航線也少，對駕駛員

需求不大，而且有軍方支援，不虞匱乏。後來航空公司多了，國際航線增加了，對飛行員的需求人數加大，軍方開始不勝負荷，航空公司就到世界各地去找。台灣也為了因應當時的現狀及未來的需求，修改了「民用航空法」，同意航空公司的正駕駛／機長可以僱用外國人，但副駕駛仍必須用本國籍（傳聞是考慮飛機昂貴，如果正副機師都是外國人，擔心把飛機飛走，一笑！）。

由於飛機越多需要的飛行員也就越多，從飛行員市場去找的情況應該是在航空公司成立初期，目前各航空公司都開始自己培訓飛行員，在台灣，自己有模擬機的公司會招募無經驗的新人，送去國外（美國或澳洲）接受固定翼單發動機飛機的基礎訓練，取得合格證書後，回公司再接受模擬機的密集訓練，且各公司都有航線飛航，要安排自己的飛行員訓練比沒有模擬機的公司方便許多。

按照台灣「航空人員檢定給證管理規則」第13條規定，學開飛機，除須年滿20歲以上外，要先拿學習執照，飛行到達法定的時數後，才可以申請檢定（飛行員要取得300小時的CPL）。民航運輸駕駛員需滿23歲，詳情請上網參閱「航空人員檢定給證管理規則」。

的確，買飛機容易，要培養飛行員就需要比較長的時間。航空公司擴展的結果始終存在飛行員短缺的情況。有航空公司自己培養，有從外面挖角（找已具有飛行執照的飛行員）。根據2013年9月波音公司的預測，未來二十年，單是亞洲太平洋地區就需要增加飛行員約20萬人。因此，航空公司一直都在培養自己的飛行員。

飛行員是要經過術科、學科的考試，以及體格檢驗合格並取得執照才可飛行。飛行員的執照好比汽車的駕駛執照，是有效期的（五年），執照持有人一定要注意期限，到期前要再重新經過檢定，變換機種也要申請檢定，經檢定合格後才可執行飛行任務，值勤時也要隨身攜帶。過了有效期限執勤或是值勤時忘了帶，也是和開車一樣，是違法要受罰的。

一架民航商用飛機至少要有正駕駛與副駕駛兩人，以前的長程／大型

飛機還要有坐在駕駛艙內的飛航機械員、飛航通信員及領航員，這些成員都是要通過考試取得執照才可以執行業務的人員。飛行員取得什麼樣的執照駕駛什麼樣的飛機。有關如何取得這些執業執照，各國都有法規規定，有興趣的讀者可以上網查看。

　　航空公司自己一手培訓的飛行員比較有向心力，比較能適合自己的企業文化。從外面找現成的飛行員可以馬上派遣任務，在飛的技能上絕對沒有問題，剩下的就是管理上的問題。早期的民航機飛行員有些會來自軍方（台灣也是），會有軍方文化與航空企業文化的差異，要如何整合，管理者要多費一點心思，經營者在進用前也要三思。

　　在模擬機問世之前，都是用實體飛機來訓練飛行員和進行飛行員的檢定考試，除了要有空出飛機不能營運的不經濟安排之外，提供實體機作訓練與考試也是有風險的（新聞媒體曾報導教練機出事以及考試檢定機墜毀的案件），模擬機則萬無一失。

波音 777-300ER 的駕駛艙，模擬機也是完全一樣

圖片來源：長榮航空提供

　　模擬機問世以後，航空公司要不要買模擬機，就要打一打算盤了，因爲模擬機不便宜，要有地方安置，也要有人去維護，還要買軟體來當訓練教材。如果自己沒有模擬機，要派人去國外訓練（基礎或進階轉換訓練），會花比較多的金錢和比較多的人力時間成本。模擬機是可以二十四小時使用的，如果所買的模擬機是當下熱門的機種，除了訓練自己的飛行員外，還可以代訓他家航空公司的飛行員，應該是一舉兩得的投資。

　　因爲模擬機與實體機的駕駛艙是一模一樣的，是可以「玩」的「大型電腦玩具」，模擬一次起飛降落的成本不低，沒有特殊機會不是想玩就可以玩，所以航空公司有時候會利用模擬機做一些國民外交，也可以做航空公司本身的公共關係。如果財力許可，飛機數量也夠，建置無妨，最好有一種機種就要有一種模擬機。

第二節　機長/副機長的職責

一、機長

　　機長的英文也是captain，是沿用航海的船長至今，連制服階級的樣式都大同小異，兩者的職責，基本上也是一樣，機長與船長如果碰到急難，也是要最後一位離開飛機的（與飛機共存亡），是負責航空器飛航時之作業及安全之駕駛員，是在該機執行飛行任務的最高領導。有稱機長爲正機師、正駕駛，是坐在駕駛艙的左邊，制服上會有四條槓。

　　機長根據法規應具備的條件很多，就以飛航前的準備來說，台灣的「航空器飛航作業管理規則」第54條規定，「機長應檢查認可下列項目，並簽署飛航準備文件後，始得飛航：

　　一、航空器爲適航狀態。

二、儀表及裝備足以完成此次飛航。

三、航空器已完成維護簽放。

四、本次飛航之航空器重量及重心在安全範圍內。

五、裝載合乎規定並繫牢。

六、本次飛航未超越航空器操作限度。

七、操作飛航計畫已完成。」

可見機長的任務及責任有多重要。

飛機飛到國外形同國家主權的延伸，台灣「民用航空法」第45條規定，「航空器在飛行中，機長爲負責人，並得爲一切緊急處置」。在「航空器飛航作業管理規則」第2條第十項，給予機長的定義是：「指由航空器所有人或使用人指派，於飛航時指揮並負航空器作業及安全責任之駕駛員。」既然是航機的「負責人」，非經機長的同意，與飛航作業無關的第三人是不可以靠近飛機，更不允許進入機艙的。乃至於機長認爲有飛航安全疑慮的乘客，也可以拒絕登機，尤其在發生911事件以後，飛航的安全格外謹愼，連飛機駕駛艙的門都改裝成防彈門，以防恐怖攻擊。

根據《聯合報》引自中央社2013年11月30日報導，在前一天國泰航空由台北飛往香港的航班，因爲機械原因延遲，但未於發給旅客的延誤證明書上加註賠償金額，致該機上有某旅行團領隊與航空司人員爭吵，且經該航班機長出面解釋無效，雖該領隊事後態度軟化下跪，但該機機長仍拒絕該領隊搭乘。此一案件也證明機長維護飛安與秩序的權力與重要性。

另外值得一提的是，機長如果依其專業判斷，認爲飛機的機件有安全疑慮時，也必須堅持檢修，飛安第一，不要妥協。

二、副機長

副機長（first officer, FO）是坐在機長右邊的位置，也是駕駛員，又稱副機師，制服上有三條槓。副機長的飛行時數不一定都比機長少，他們所

機長與副機長是負責飛航的最重要角色

具備的技能與機長是同樣的，副駕駛位置所有操控飛機的配備與正駕駛都一樣，與機長是密切合作的分工，彼此對每一個動作都要相互對應，如有必要，副駕駛馬上可以在他的位置上，取代機長執行飛航任務。

民航運輸飛行員基本上是機長及副機長。執業年齡平均到年滿60歲為止。後來因為飛行員短缺，且身體健康狀況也都提升，台灣民航機關允許航空公司或飛行員申請同意延長執業至65歲，惟不得擔任國際航線機長職務。飛行員的升遷，是由各航空公司參考民航法規的規定辦理。由於民航機關人力有限，通常委任航空公司的資深機長來考試，也就是所稱的檢定機師（check pilot）。

飛行員的體能及精神非常重要，因此報考飛行員的體格有一定的標準，尤其是視力，台灣年輕人裸視視力普遍不合標準，為了航空公司的需要，並考慮醫學的進步，也放寬裸視視力或矯正後的標準，方便航空公司招募儲備的飛行員。

✈飛行員有飛行時數限制

考慮飛行員的體能負荷，國際上對民航機駕駛員的飛行時數有上限的規定，原則上，一年不可以超過一千小時，一個月不可以超過一百小時，一天不可以超過八至十小時，一星期至少要休息一天。或許有人會疑惑，現在從台灣直飛美國或歐洲的時間都超過十小時的飛行，然駕駛員每天不得超過十小時的飛行，要怎麼辦？其實航空公司對超過十小時以上的長程直飛航班，都配有三位飛行員，平均下來每位飛行員的飛行工作時數都少於十小時。

台灣的「航空器飛航作業管理規則」第37條對於飛行員的飛行時間有詳細的限度規定，對連續二十四小時內的國內及國際航線分別不得超過八小時及十小時，其執勤之休息時間有詳細的規定。詳情請參考台灣民航法規「航空器飛航作業管理規則」。

第三節　飛行必備寶典與設備

一、飛航指南（AIP）

以下是飛行員確保安全飛行的必要做法，乘客瞭解後會更安心！

從前我們在機場會看到穿了制服的飛行員手裡提著黑色方形的箱子，看起來不輕，它不是裝衣服，是裝飛行用的「飛航指南」文件，它是每一位當班的飛行員飛行必備的文件，此資料攸關航機安全飛行的保障，是飛行員飛行時的工具書，有了它才不會盲目的飛行。根據國際民用航空組織（ICAO）規定，每一個飛航情報區（FIR）應由其民航機關提供「飛航區

內的航班所必需的資訊」，包括航路、空域、助航及機場設施等資料，並規定要格式一致的活頁紙，以利資料的抽換，也強調各國在航空情報服務（aeronautical information service, AIS）的相關文件上，都必須配合航圖公司（jeppesen airway，專門製作飛航資料的公司）的作業時程，以使航機所使用的資料保持正確，此工具書又厚又重，飛行員都有苦難言，但又不得不帶。

✈ 小小晶片就能保障飛安！

拜近年來網路發展之賜，很多國家已將飛航指南的資料放到網站上，以供航空業者隨時可以取用，並可避免郵寄延誤或遺失，且可免除人工換頁的錯誤，保持航機使用資料的正確性與即時性，目前已發展將飛航指南（AIP）文件轉換為電子檔，我們簡稱為電子飛航指南（electronic AIP, eAIP）。所以我們現在在機場已經很少看到飛行員提重重的黑色箱子了，除此之外，駕駛艙可供飛行員使用的空間也因此變大不少。AIP的電子化一直還在研究創新，其目的在於保障即時有效的飛航安全，目前是各個飛航情報區的負責國家一致努力的目標。

在飛航指南（AIP）內有飛航情報區（FIR）的例外——防空識別區（ADIZ）的劃定，是有些國家為了其軍事上的需要而宣布的禁止飛航的領空範圍，俗稱「禁航區」（no fly zone），禁航區是非經許可，絕對禁止飛入或飛越的空域，否則會被驅趕或被攔截，甚至會被擊落。1983年9月1日，大韓航空KE007誤入當時蘇聯劃定的庫頁島附近的禁航區，雖經警告也並不知情繼續飛越，蘇聯的軍機就不客氣地發射武器擊落，造成飛機全毀，機上269人無一人生還的慘劇。

該航機上有24位中國人，雖得不到蘇聯的賠償，但乘客如有投保，可以向保險公司索賠，可是未見屍體，只能以失蹤認定，對台灣的乘客家屬，是一種無奈，因為台灣的法律規定對於失蹤者必須有兩年的公告期

限，有關理賠要兩年公告期滿才能辦理，幸好當時的政府非常人性與理性，認為此一不幸事件國際皆知，免除失蹤需要兩年的法定期限，從寬處理，博得喝采，算是一個小插曲。韓航此一事件，據瞭解，ICAO經過一番獨立調查結果，知道是飛行員起飛後沒有執行標準飛行模式，將HDG（磁航向模式）更改為INS模式（慣性導航系統），是造成誤闖蘇聯的禁航區的主因。

二、飛航安全輔助裝置

另外還有下列保障航機飛航安全的輔助裝置，也是保障飛安的具體做法和要求，飛行員也要配合訓練：

(一)裝置空中防撞系統（TCAS）

空中防撞系統（traffic alert and collision avoidance system, TCAS），歐洲稱為ACAS（airbone collision avoidance system）。飛機上裝上此防撞的電腦警告系統，可以提醒航機飛行員所飛的飛機有無與旁邊的飛機保持安全距離。此系統現在已經發展到除了用語音及顯示警告航機上面及下面的接近外，還發展到偵測航機左右兩邊接近的警告，並提醒飛行員應有的動作，效果不錯，各國民航機關都已經要求航空公司的航機加裝。

(二)建置儀器降落系統（ILS）

如果飛機只能在能見度好的機場降落，可能飛機的利用價值就要打折扣。儀器降落簡稱「儀降」，俗稱「盲降」，就是飛行員無法在一定的距離用肉眼看（目視）到機場跑道，而必須靠儀器操控，飛機才能安全降落的做法。通常是使用在機場因天候（濃霧、塵霾）能見度不佳的情況，當然機場必須要有精準儀器降落的設備，以及飛行員也要啟用飛機上的儀器降落系統（instrument landing system, ILS），才能實施。

　　因為儀降系統要求的精準度極高，系統發出的訊號不容有絲毫的偏差，因此，國際民用航空組織（ICAO）對於提供儀器降落的機場訂有一套統一的技術要求與標準，不過這套設備的價格不便宜，平時也要經常保養維護及測試，所以機場當局會謹慎評估有否需要建置。

　　實施儀降的航機，除了機場本身的設備外，實施航機盲降的飛行員也要具備該類盲降資格，才可以降落航機。在歐洲的冬春季節常有濃霧，大部分的機場都有第二類盲降設備，但亞洲的飛行員如果少飛歐洲，可能就不具備第二類儀降（盲降）機場的資格，不能在實施第二類儀降的原訂機場降落而改降其他機場。所以曾經造成亞洲的航空公司，同樣航線同樣時間抵達歐洲的航班，甲公司航機可以降落而乙公司航機要轉降其他第一類儀降機場的疑問，事後也引起乙公司乘客的不滿。

三、高原機場的特性要瞭解

　　所稱高原機場是指海拔超過1,500公尺以上的機場，此種機場的周圍環境比較複雜，所以航空公司尤其是飛行員要特別注意，因為高原機場海拔高，高原上的空氣稀薄，氧氣少，氣壓小，飛機的真空速度比平地快，重量也比在平地重，而發動機的推力反而減少，導致起飛與降落的距離要比在平地長，也因為推力變小，爬升、加速、減速反應變慢，飛機轉彎的半

徑也變大。對飛行員以及航機的氧氣供應要求相對要高，總之，高原機場的天候與飛機起降因素都比平地複雜，所以要求相對比較高。在中國大陸對高原機場分有1,500（含）～2,438公尺之間的一般高原機場，以及2,438（含）公尺以上的高高原機場。其他的高原機場有在尼泊爾以及墨西哥等地。

以上的設備與做法都是飛機安全飛行的保障，讓飛行員更有信心地駕駛飛機，也讓旅客更放心地搭乘。遵照駕駛手冊駕駛飛機是飛行員的天職，一切要以飛安為重，在你前面的飛機能降落，並不代表你所駕駛的飛機也能順利降落。台灣民航局發布的「航空器飛航作業管理規則」第25條規定，飛航組員於飛航作業及緊急情況時，應依照航空公司所訂定各型別的航空器操作手冊的各項操作程序檢查表操作，以確保符合操作手冊、飛航手冊及其他與適航有關文件之規定。

飛行員最值錢的是緊急狀況的處理，而緊急狀況的處理，要靠平常的訓練以及飛行員冷靜的頭腦與健康的身體（有執勤時突然心臟病發作的案例）。有些重大空難的發生，最後瞭解的結果與飛行員的技能不足、判斷錯誤及一時驚慌失措有關，所以正常的生活起居與紀律，是保持自己穩定的精神狀態的來源，特別是飛行員。酒是禁忌，幾乎各公司對出勤的飛行員都進行酒測，執勤時機上所用的餐飲也會特別處理（正、副駕駛不同餐食，避免二人都吃壞肚子）。

跨洲際的長程航線，飛行員到了目的地會有時差的問題，也會有飲食不習慣的情況。離開總公司的基地以後，如果本身再缺乏強烈的抑制力，生活的紀律難免會有鬆弛的時候，如果公司外站又疏於督導，偶爾會有過量飲酒的情況發生，會有潛在的飛安危機。曾有飛行員在國外「休息」時喝酒（可能過量），前往機場執勤的路途中遭警察取締的情形發生，值得警惕！

除此之外，民航機關為了瞭解飛行員的健康狀況，規定飛行員每隔六個月要體檢一次，而體檢是非常的嚴謹，尤其是心臟、血壓、膽固醇等

（台北民航局設有獨立超然的航醫中心，專門為飛行員做身體檢查）。如發現有礙飛行的狀況時，航空公司一定要停止派其飛行，等複檢合格後再行派遣任務。所以飛行員平常的自我運動不能少。有關最容易犯的喝酒，台北民航局也會執行出任務前的酒測，也要求航空公司要執行酒測。至於在上班多少時間前不可以喝酒，民航機關不予規定，由各航空公司自行規定，並於報到時進行酒測。

第四節　飛行員的管理

台灣早期（50年代）的民航運輸是外國人在掌管，想當飛行員並不容易。當時的民航空運公司（CAT）並不缺飛行員，機長一定是老外，老中就算飛行時數已經達到規定，飛行技術也相當高明，據說根本沒有升機長的機會，只有當副機長的份。

近年來，在亞洲的民用航空事業發展迅速，原有的航空公司相繼添購新機，新的航空公司也紛紛出籠，導致對飛行員的需求大增，飛行員的身價水漲船高，向心力薄弱的飛行員比較禁不起挖角的誘惑，離職率會比較高，見異思遷之下，有極少數的飛行員受外在的引誘，會先對公司予取予求，也會增加公司對飛行員管理上的困難，航空公司不可不尋求因應之道。至於飛行員要不要由市場的供需來決定自己的前途，就留給飛行員三思。

大體而言，飛行員的待遇優渥，又被認為是高尚的職業，在令人羨慕之餘，如果不去愛惜自己得來不易的成果，禁不起有心人的誘惑，尤其是異性，導致身敗名裂，家庭破碎，就非常遺憾！應予警惕。此外，也有飛行員連自己的執業執照（駕駛檢定證）過期都渾然不知，自己受罰事小，還要連累公司，不可不慎！

台灣有關飛行員駕駛檢定證的效期為五年。有關更換飛機種類的轉換，也要航空公司先依法規辦理機種轉換訓練，申請民航機關換發檢定

證，取得資格後才可以駕駛另一機種。航空公司能給予飛行員取得更多機種的檢定執照，也是留住飛行員的方法之一。優秀上進的飛行員很多，除了對本身的飛行專業努力鑽研以外，有些飛行員對音樂、攝影、潛水等有利身心健康的活動特別熱衷，也有所長，都是值得航空公司鼓勵的，也是公司用來凝聚向心力的所在。

✈ 模擬機訓練／參考航空人員檢定給證規則

飛行員要根據飛行計畫來飛行，飛航計畫書（flight plan）的主要內容有通報類（message type）、航空器識別（aircraft identification）、飛航規則（flight rules）、飛航類別（type of flight）、機型（type of aircraft）、離開場機場（departure airport）、巡航速度（cruising speed）、空層（level）、航路（route）、目的地機場（destination airport）等（如**表9-1**）。

航機所有的行動都要聽從飛航管制人員的指揮。在機場的起飛與降落要聽機場塔台人員的引導，有時候雖然塔台人員可以用肉眼、望遠鏡辨別航機是屬於何家航空公司的何航班，但是航機駕駛員與航管人員還是話筒通話多，電訊則用在起飛前航路及飛行高度的申請。飛航管制的通話有國際飛航通話用語，這個通話術語是提供所有飛航國際航線的飛行員一體適用的，所有通話都必須錄音在黑盒子（實際上不是黑色的），不可以不錄。

有些以飛國內航線為主的飛行員，由於經常與其國內飛航管制人員用其本國語言溝通，在偶爾派遣飛國際航線時，會不完全瞭解塔台的意思，而該塔台的飛航管制員也常常用其國家的語言，與其國內航班飛行員對話，少用國際語言，以致與國際航班駕駛員溝通偶爾造成誤會。所以國際上就規定，飛國際航線的飛行員的英文程度要達到一定的標準水平（level 4）才可以。事實上，國際上有一致的飛航管制用語。

表9-1 飛航計畫書

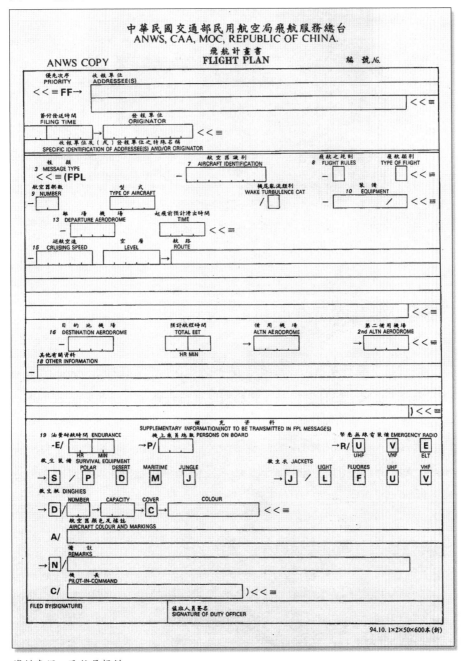

黑盒子─飛航紀錄器

圖片來源：長榮航空提供

 ## 第五節　空服員

　　空服員又稱乘務員、客艙組員或後艙組員，英文稱cabin crew或cabin attendant。階級上也有事務長（座艙長、客艙經理、乘務長、chief purser (CP)等稱呼）、副事務長等。航空公司航線越多，航班就越多，需要的空服員自然就多，需要的事務長、副事務長必然也多（一個航班一定要有一位領導─leader─事務長／副事務長），大飛機每一航班所需要配置的人數越多，所以一家航空公司的員工人數以空服員居多。

✈ 為何客機上要有空服員？

　　為了航機緊急逃生的需要，各國的民航法規都規定，民航客機的航班上一定要配置空服人員，至於人數只有最低要求。一般而言，座位數20～50的飛機至少要配有一位空服員；51～100的至少要配有二位空服員，每增

加50個座位加派空服員一人。

　　空服員不是當花瓶用的,配置的主要目的也是最重要的工作是:協助乘客機上的緊急逃生。空服員因為不是民航法規所指的飛航人員,不需要取得民航機關的執照,但是要通過航空公司至少三個月的密集訓練,並經測試合格由航空公司發給證書。第一線的新進員工上線(開始可以工作)以後,還是要定期的在職訓練(on job training)。地勤人員在地面上人手比較多,可以相互支援;空勤工作就難了,在每個航班一起工作的人數不多,要照公司的工作手冊及靠自己的應變能力,不能樣樣請示。空服員除了服務熱忱外也要有果敢的毅力。

　　航班上空服員的工作是小組分工合作,最直接的主管應該是該航班的事務長,問題是:大公司的空服員都在1,000人以上,彼此可能還是第一次在同一航班上工作,彼此沒有相處過,哪來默契?因此,事務長的能力與智慧就很重要了。事務長是一個航班除了機長、副機長以外的最高主管,所以航空公司都很慎重遴選事務長,並再施予密集的在職訓練與考核。

空服員要負責的工作十分複雜

　　事務長、副事務長的階級可以從外套袖口的條紋辨別，條紋多的比條紋少的階級高；也可以從制服顏色的不同來辨認，只要看在同一架飛機上只有一位穿與其他的空服員不同顏色制服的空服員，就是事務長。

　　空服員大部分是從外面招募來的，因爲空服員的工作在年輕朋友的心目中還是排在前面的，所以航空公司不怕沒人來報考。也因此，台灣產生很多空服員的補習班，補習班一切以能幫助考生考取爲第一要務，可能也知道航空公司對招考不需要有經驗空服員的測試，不會考專業常識，所教的重點可能都偏重在儀容、舉止與應對。

　　在應考空姐的當下，考生都會說：「當空服員是她人生的夢想。」然而，考上空服員以後，有些人發現這個夢想的實現並不甜蜜，不是好玩的，是需要有強烈的服務熱忱才能適應的。不調整可以環遊世界的心態是無法久任的，以致有些空服員不是跳槽到自己認爲比較輕鬆的航空公司，就是另找其他職業。

　　空服員是直接面對客人，而且是在有限的機艙內與客人近距離的相處，除了最重要的緊急逃生與飛行安全的照料外，還要伺候乘客吃喝玩樂的服務，是要具備有服務熱忱與智慧的，是要靠耐心與技巧的；耐心與天賦有關，技巧就要靠訓練。

　　空服員的訓練比飛行員簡單許多，所以都是由航空公司自行招考訓練。航空公司對緊急逃生的訓練有一套標準，靠的是沉著應對與熟練操作逃生設備，平常也有飛機失事的演練；熟習機上娛樂設施與座椅的操控，瞭解服務流程與空中廚房的使用、熱餐的技巧等。這些技巧都是錄取後由航空公司施予完整的訓練，本書就不再詳述。

✈ 乘客對空服員的期待

　　航空公司是最講求企業形象的行業，每一家航空公司都想保有自己的企業文化，空服員的機上服務是與客人面對面的工作，是航空公司的各項

工作中與客人相處時間最長的工作，不巧的是，大部分的乘客都認為：飛機上配置空服人員的主要目的是要為乘客送報紙、雜誌、毯子、飲料、酒和食物等的工作，所以客人所在意的是飛機上的服務，甚至認為這方面表現的好與壞，對航空公司的商譽有關鍵性的影響。部分空服員也許認為：客人會因服務的好或壞寫信到公司，跟空服員本身有切身的關係，所以就比較注重客人在意的服務（親切周到），反而認為發生緊急逃生的情況，可能一輩子也不會碰上，又何況乘客很難得對安全的部分有所讚揚，甚至有極少數空服員並不真的理解為什麼航空公司在訓練課程上，安全的課程比重要占50%以上。

機上服務必須注意「要一視同仁」，對在同一艙等的旅客，絕對不能有差別待遇，否則會引起其他旅客的不滿。如果航班上有你的家人或親朋好友，關照時也要格外謹慎。

等一下要餵豬了！

事情發生在很早很早以前，有空服員在長途飛行的航班上，隨便跟一起工作的組員說了一句「等一下要餵豬（供餐）了」的難聽話，被隔壁的客人聽到，這位客人忍的功夫也是一流，並未當場發飆，過幾天後才投書媒體（在那個時候還沒有手機，也沒有第四台電視），消息一經曝光後，弄得一時輿論譁然。當然我們不能去怪飛機上的隔音設備不好（飛機上的隔音設備除了駕駛艙外，為了因應突如其來的逃生需要，都只能用布簾拉起來而已，根本不能隔音）。所以我們要奉勸辛苦工作的空服人員，不要忘記隔牆有耳，在飛機上的交談要很小心和小聲，最好不要亂說話。

✈ 空服員要機警

其實，航班上配置空服員真正的目的是要維護及保障乘客的安全，對旅客不尋常的動作也要有敏感的思維與預防。

機上乘客來自世界各地，什麼樣的人都有，會發生的情況不一定是課堂上講過的案例。長程航班有不睡覺的客人，也有睡覺會打鼾的客人，客

人如果不舒服可能會是心臟病發作的前兆。會有要劫機的人嗎？會有殺人犯嗎？客人之間會發生爭吵嗎？……很不幸地，前述這些懷疑都曾經發生過，有真實的劫機案例，也真的有乘客把寵物（蛇）放進自己的口袋裡，不小心讓蛇跑出來嚇壞乘客的情形。機警的空服員也曾發現坐在一起的夫妻，太太以為她老公靠在她的肩膀是在撒嬌，其實她老公已經呼吸停止了。還有媒體報導（2014/6/21），從舊金山到香港的乘客在機上的盥洗室內裝設針孔攝影機被空服員發現等狀況，不勝枚舉。

一般而言，亞洲人比較注重吃，所以亞洲航空公司的貴賓室提供的食物比較多樣化，連飛機上的餐飲也不例外。但歐美人士就不見得這麼重視。曾有美國乘客抱怨，說他有一次夜航來亞洲，忘了貼上不要打擾的貼紙，在要到達目的地前的例行早餐，被熱情的空服員「搖醒」來用餐（當時還是很想睡），導致他早上到台灣後，談判桌上無精打采，喪失了一筆生意，真冤枉！

以上是常常會碰到的情況，不足為奇。如果真的遇上需要緊急逃生時，如何協助旅客安全地離開飛機，才是檢驗航班上要配有空服員的時候。遺憾的是：大多數的乘客把空服員視同高級餐廳的服務人員，對她們按照規定在起飛前一定要做的緊急逃生示範不感興趣，連空服人員在安全示範時一再強調的「就座時一定要扣緊安全帶」的拜託都忘記，沒有扣好安全帶的結果，造成突然遇到不穩定的氣流，撞得頭破血流。

此外，有些乘客會在飛機一落地就趕快解開安全帶，起身拿取行李廂的行李，這是危險的行為，因為飛機雖然已經著地，但仍有拉高機頭再度重飛的緊急情況發生（例如下降速度過快、側風、觸地點不對、所剩跑道長度不夠等）。雖然空服員拿了麥克風大聲疾呼請坐下，也不見有效，讓人百思不解。想想：客機上有空服人員都會如此，如果沒有空服員，客艙乘客的飛航安全，真的不敢想像！難怪為了飛安，法規規定航班上要配有空服員。

✈ 空服員的笑料

剛通過訓練開始派飛的空服員，她們的心情是興奮又緊張，興奮的是終於熬過辛苦的磨練，可以實現她們翱翔天空的夢想了；緊張的是，她們要面對的不是訓練時的假客人（訓練時是同期同學扮演旅客），而是要面對真正的客人，心情難免會緊張。

新進女性空服員的笑話一籮筐。或許是過度緊張的緣故，曾經有空服員出第一次任務時，沒有聽清楚事務長的交代——「去把那一袋麵包分兩半」，但也不問，竟然把袋中的每一個麵包都分成兩半；有因為第一次飛行就碰到要過夜休息的越洋航線，居然因為想家要求回家的丫頭；有難得排到要過夜休息的航班，一大早到達目的地就忘掉整晚夜航的辛苦，與朋友約會去了；甚至也有不依規定回公司安排的飯店休息的空服員，害得航空公司向當地警察局報失蹤人口的糗事；買超額的免稅品被海關查獲的違規行為（空服員以為穿制服且整組人員入境海關很少查）；也有在中途的加油機場下機買東西，又比旅客晚登機的狀況發生，真是笑料百出。

為了防止突來的不穩定氣流，就算在巡航途中，機長都建議旅客就座時要繫好安全帶（為了安全，民航單位也要求不要隨意在機艙內走動）。在長途飛行的夜晚，旅客是蓋著毯子或被子睡覺的，但是有的旅客沒有把安全帶繫在毯子外面，當機長打開繫緊安全帶的指示燈時，有些空服員為了確定旅客是否扣好安全帶，會習慣性地把手伸進毯子裡面去摸，空服員如果是同性的還好，如果是異性，就糗大了！

因為空服員是直接面對客人，所以客人偶爾會把登機前發生的一些不愉快的事情，在搭上機以後發洩，如果地勤人員有事先通報機上空服員就好，空服員可以有事前防備，如果沒有，那就要看空服員的臨場應變了。還有飛機上的電影、音樂、電玩等娛樂系統，機上座椅靠背、燈光、踏腳也是電動的，都會有故障的時候，空服員應該知道如何操作或是故障的原因。

　　夏天濕氣重，在機場停機時的機門是開啓的，機艙內會有地面的水氣跑進來，在飛機起飛後，由於裡外溫差大的時候，座椅上的行李箱外側會有水氣因艙內溫度降低而結成水滴，當飛機開始爬升時，水滴就會滾成大水滴而滴落，空服員不可不知道或是答非所問。所以航空公司爲了避免乘客的質疑，會要求空服員在起飛前先擦拭旅客座位上的行李廂外側。可能也會有人質疑，飛機機艙是封閉的，怎麼機上也會有蚊子、蒼蠅呢？其實這些都是在停機開啓艙門時從外面飛進來的。而且不只蒼蠅、蚊子，連老鼠也會跑進機艙的，航空公司除了要設法清除外，空服員也要知道爲什麼。

✈ 空服員的天真乖巧

　　有時候覺得或許亞洲人的天性比較保守，我們所碰到的亞洲航空空服員的服務方式都比較制式化，雖然有笑容但不大自然，好像是經過「專業」訓練出來的模子，少了自然與天眞。有太多職業化、商業化的味道，缺乏彈性，連機上的播報詞也生硬地照稿子念，好像在背書，不像講話，語調更不必要求了。所以航空公司對於空服員與旅客應對方面的訓練也只能教導原理原則，完全要看空服員個人的舉一反三了。我們認爲太刻板的訓練或僵硬的工作手冊，會造成空服員的不靈活。曾有媒體報導有乘客在機上「故意」要空服員送十次的餐，每次都不滿意，而空服員也以客爲尊照送。類此現象，航空公司可能要調整對空服員訓練的方向及工作手冊因應。

　　航空公司飛的航線很多，所飛的國家也不少，所載運的旅客來自世界各地，如果都用自己國家的空服員，就算她們的英文很好，旅客也不見得都可以用英語溝通，因此，航空公司除了招募自己國家的空服員外，會再招募其他國家的空服員，如台灣的航空公司招募日本籍、越南籍、泰國籍、韓國籍等（但要遵守僱用外勞的比例），同樣地，也有新加坡及阿聯酋航空來台灣招考空服員。

✈ 有清一色由男性空服員服務的航班嗎？

　　至於是否招募男性空服員，航空公司各有見解，沒有絕對要或不要。就整體而言，有清一色女性空服員的航空公司，有男女空服員都有的航空公司，好像沒有清一色男性空服員的航空公司。如果整架機上的服務人員都是男性，在長途的飛行途中，旅客的心情不知會否受此陽剛影響？

　　女性在服務工作上有男性比較做不到的優點；男性在服務工作上也有女性比較做不到的長處。因此，我們發現，有比較多的航空公司是採男女都有的配置。在以前空中劫機頻繁的時期，不少航空公司有以「男性空服員」的名義在機上擔任「空安人員」的安排。

　　相信有乘客碰過女性空服人員有服務熱忱而力不從心的情況，例如較重的手提行李的放置，都有賴男性空服員的協助。還有女性天生會有不適合飛行的日子及懷孕分娩的時期，航空公司要考慮可派遣人力，多進用替補的人力。雖然如此，女性天生的柔軟與笑容，恐怕不是男人所能及，也是女空服員多於男空服員的原因。

　　每一家航空公司的空服員也比駕駛員多（在每一航班，駕駛艙最多只有二至三人，而客艙則最少要二人以上）。人數多就難管理。空服員平均年紀相對比較輕，涉世也比較淺，好玩的多於好學的，加上現在都是少子化，比較嬌生慣養，好的不學，壞的學不少。雖然請假是會有的，但他們請假的比率，大概是居全航空公司之冠，全勤的寥寥無幾。

　　一種米養百種人，各公司雖有規章提供員工遵循，絕大部分的空服員也都遵守，但或許是比較年輕的緣故，違規的空服員比率較高。有極少數的空服員好的不學專門學壞的，工作不認真就算了，還會偷機上物品，或利用執勤的便利，超量購買香菸或化妝品等免稅品，更甚者還幫生意人帶東西。

　　空服員的複訓非常重要，複訓的重點應該是逃生訓練的加強與複習，

餐飲服務次之，因為飛安絕不能妥協，何時會發生不幸，任何人都無法預知，萬一發生，如何協助乘客逃生以降低損傷是重點。空服員在執行空勤任務時應該是用服務旅客的機會，注意旅客有無影響飛航安全的舉動或現象。因為旅客會有不小心觸動機上的自動逃生梯、好奇去扳動逃生門等的案例發生，這些都是空服員疏於利用「服務乘客」的機會，去注意乘客有無妨礙飛安的行為所致。

→ 女性空服員的服裝讓航空公司頭痛

談到空服員的服裝，尤其是女性空服員，一直以來都是各航空公司討論的問題。這一、兩年來鬧得沸沸揚揚的例子如下（《蘋果日報》2014年5月7日報導）：

1. 2013年3月26日，韓亞航空要求空服員穿裙子遭人權委員會裁定不當，空服員爭取穿褲裝成功。
2. 2013年4月19日，中國春秋航空主題航班讓空服員穿女僕裝引發低俗爭議。
3. 2103年7月5日，馬來西亞全國巫人統一機構國會議員投訴空姐制服太性感。
4. 2013年12月12日，澳洲航空換新裝並找澳洲名模展示，空姐批太貼身、性感。
5. 2014年3月11日，日本空服員聯盟砲轟天馬航空要空服員穿迷你裙。

可見女性空服員的「工作服裝」還真難「做」，又要美觀，又要端莊，又要工作輕便。亞洲人喜歡女士穿裙子，有些歐洲的航空公司為了工作方便，認為女性空服員可以穿長褲；也有認為戴上帽子顯得更高雅等等，不一而足。反正無關飛安，就不再探討。

航空公司是走在時代尖端的企業，是技術密集、資本密集也是人力

女性空服員的服裝都經過精心設計

密集的既傳統又先進的產業，各公司為了企業形象，除了有自己的企業
識別標誌，並將這個識別放置在飛機機身、機場櫃檯、辦公室、貴賓室、
信封、信紙、名片等地方外，也會絞盡腦汁，去精心設計其空服員的制服
（特別是對女性空服員），來突顯各航空公司的特色，且制服推出一段時
間後，又會在適當時機（如配合企業識別更新）再推出新的制服。對男性
空服人員（一般稱為空少）的服裝變化就不大。

 ## 第六節　空勤組員的防疫作為

　　在2020年嚴重新冠肺炎未蔓延全球之前，進出國境CIQ中檢疫（Q）
的程序，好像非常簡單，連搭機乘客的進出機場海關／國境都這樣認為。
但今非昔比，如今嚴重新冠肺炎仍未受到有效控制。飛行員和空服員（組
員，crew）都是要在密閉的機艙內為乘客服務的一群，受到傳染的機率極

高。在疫情未受到有效控制前，幾乎每一個國家都嚴陣以待，對空勤組員
如何防疫、如何檢疫，不敢掉以輕心。

2020年3月18日台北嚴重特殊傳染性肺炎中央流行疫情指揮中心第三次
工作小組會議決議，國籍航空公司可訂定機組員防疫健康管理據以實施，
由民航局監督管理。因此，民航局已於2021年3月12日為敦促航空公司遵守
各項防疫措施，於「航空器飛航作業管理規則」第199條及第284條新增「國
籍機組人員健康管控強化措施作業原則」，訂定防疫管理措施，報請民航
局備查後實施。航空公司及其所屬人員亦應遵守其所訂之防疫管理措施。
有關航空人員體格檢查標準亦因疫情緣故而隨時有所修正，以符實際。

110年8月2日、110年9月25日、110年12月8日民航局因應疫情隨時修正
「國籍航空公司實施機組人員防疫健康管控措施作業原則」公布實施。

因疫情期間大幅減班，使航空公司及簽派員不易依規定期限完成適職
性考驗、90日內同型機三次起降及航路考驗等規定，故新增第351條之1於
指揮中心成立期間，因疫情致無法符合者，航空公司於敘明理由並檢附相
關證明文件，經申請民航局核准者，得展延三個月，及得申請核准再予展
延之規定。

經核准延長者，如於前項期間持續受疫情影響時，得依前項規定申請
民航局核准再予延長。

詳細內容請參考「國籍航空公司實施機組人員健康管理措施作業原
則」，各航空公司並訂有「機組人員健康管理須知」以為遵循。

✈ 空勤組員在隔離檢疫期間也是禁止自由進出

隔離檢疫的做法有在認可的飯店或場所或居家自主管理的，不要說是
空勤組員，連入境被隔離檢疫的旅客，在隔離期間都不許擅離隔離場所，
居家自主管理亦同。

空勤組員因每次飛行的航線的地區／國家／時間都有不同，防疫中心

對空勤組員在隔離期間的要求做法更為複雜。下機後先住被認可的防疫飯店／場所隔離，隔離的天數也是事先經過疫情指揮中心和航空公司等單位研討定案的，必須遵守！疫情指揮中心為掌握傳染源，都要求所到的地點要掃二維條碼QR code。

　　通常在隔離飯店／場所會有在同一個地方走動的情況發生，不至於擅離。居家隔離者則會因認知差異，比較容易犯錯而有擅自外出的情形，依法是可處10-100萬新台幣的罰鍰。據統計，各縣市至今，違規裁罰案件共計1,390件，累計開罰金額近1億8千萬元。

第七節　空勤組員罷工

✈ 罷工的起因都是為了利

　　錢，人人都要，人不為己，天誅地滅。但君子愛財，取之有道！正確的管理，才是王道。投資者付出的是金錢，受薪者付出的是時間，當員工認為公司有賺錢，就會想多分一些獎金，分不到獎金，升官也好。萬一都沒有，心裡就會不平，日積月累之下，就有爆發的一天，因而釀成罷工。

　　台灣的大航空公司不多，竟會在2019年爆發台灣航空界的罷工，而且長達17天，何以致此？

✈ 空服員所爭的是外站津貼

　　在體制上4,000人的空服員是一個超級部門，如何規劃公平的獎金制度是一個課題。

　　為何空服員爭的是所謂的外站津貼、飛行津貼，不是一般勞工常常

提起的加發年終獎金？空服員的薪資結構主要為底薪＋外站津貼＋飛行津貼。外站津貼也是媒體上常說的日支費，主要是補貼空勤在外站長時間停留時的開支，用來吃飯、補充過夜的日用品等。長榮目前是台幣每小時90元，而華航是美金5元。

飛行津貼，其計算方式各家公司略有不同，長榮是從到南崁總公司報到起算到飛完回程落地後半小時，若是過夜航班則是算到當班落地後半小時。華航是從到機場開始算，結束也是落地到機場。可以發現每次約有一小左右的不同，長榮飛短班較有計算上的優勢；飛行津貼則因人而異，資深的空服員在經年累加的情況，計算基礎有可能會比資淺的高出許多，飛行津貼以台幣計算約莫每小時130~150元。

空服員底薪約從26,000~30,000起跳，遇到公司賺錢的年度，調整底薪時也不如地勤人員1,000~2,000往上調整，加上空服員升遷調整底薪可能每一級差距只有1,000元上下，地勤人員升一級則是5,000~8,000，所以有可能在數年後一個10年的副事務長年終獎金一個月38,000元，還輸給4年剛升地勤助理副課長40,000元。

職業工會的成員多為單一職種，為讓成員覺得加入工會才有好處，容易凝聚團結力量，在議題上會挑選只有空勤人員才有的津貼，是職業工會的重要策略之一。

再者，所謂津貼既然是補償在外站飲食，在目前稅法上是可以免稅的，以一個空勤人員與地勤人員年所得一樣來看，完稅後可能有10%以上的差距。勞資協商不良，資方可以一律供餐來堵這個題目，勞方也會沒有這個津貼失去在外站活動時的方便，目前選擇自己帶糧食到外站，而將津貼存起來的人也是不在少數，所以勞資和諧能夠找出一條適合一起走下去的路才是雙贏。

航空運輸與人類的生活密不可分，罷工是企業員工對企業主訴求的最後手段，非到萬不得已，員工不會輕易使出。但一旦爆發，對人類的生活必定造成極大的影響，不可輕忽。航空公司的罷工，在國外比較常見，在

台灣則是少見。飛行員和空服員的罷工，各國政府是絕對不允許，而且會立即採取行動化解／消弭，不會長久，也不許長久。

航班，沒有駕駛艙的飛行員和後艙的空服員，非但是不合法的，而且是不允許飛行的。試想：旅客已經買妥機票，訂好航班機位的計畫旅行，遇上沒有組員可飛的心境是何等的煩躁！航空公司的辦公室、機場櫃檯、政府的交通機關等，一定急如星火。

✈ 新航也曾鬧罷工

1980年11月新加坡航空公司的飛行員也曾為提高薪資訴求而罷工，當時的總理李光耀曾面對面向參與罷工的飛行員說出不惜「停飛」，並提出二個選擇，一是馬上停止有損新航形象和正常服務的要脅行為，一是如果不停止要脅，就是把新航重建，後來要罷工的機師馬上停止罷工，返回工作崗位。這種鐵腕的做法，要歸功於當時的李光耀總理對新加坡及新加坡航空公司的深入瞭解所產生的睿智，才能有以致之。

當局主政者的意志是無庸置疑，但手段宜審慎為之！

✈ 華航空勤組員的罷工

2016年6月由桃園市空服員職業工會針對華航的客艙組員發起罷工行動，宣布自2016年6月24日0時起不再供應勞務，持續3天結束。這也是繼2015年桃園市機師職業工會後，中華民國航空史上第二次有航空界員工取得合法罷工權而進行罷工（詳請參見維基百科）。可見罷工是有前兆的，是可以預防的，不合理的法規也是可以修改的

2019年在台灣是機師和空服員的罷工流行年，2019年2月8日上午6點起，桃園市機師職業工會發起邀請華航飛行員發起罷工行動，提出過度疲勞、航班增派人力等五項訴求，歷時7天，經過四輪協商，於2月14日晚間

華航讓步，工會五項訴求華航照單全收，希望就此落幕，不再發生（詳請參見維基百科）。

至今未曾再發生此類罷工事件，這應與航空公司領導層已領悟罷工的慘痛教訓，平時已注意員工的情緒與勞資關係，及各空勤組員也有體認罷工對他們並不是全贏，是萬不得已的手段！企業主更有體認：冰凍三尺非一日之寒！

✈ 長榮航空空服員的罷工

長榮集團在創辦人張榮發領導的時代，「罷工」兩字是不可能出現的，連招考新人的筆試題目中，都會出現「贊不贊成工會組織」這一題。如果你的答案是贊成，大概就不要指望會被錄取，這是長久以來的長榮文化。

或許此長榮文化隨長榮創辦人的往生，政黨的再輪替，社會運動相當活耀，長榮航空空服員趁機在2016年6月繼華航空服員取得資方全面承諾七大訴求之後，於7月有2,596人加入桃園空服員職業工會，達到團體協約的門檻，同時納入長榮航空體系的其他長榮地勤公司，如長榮航太等職種的工會，跨出只有空服員的工會，也成立了長榮空航企業工會，勢力倍增。

2016年9月28日梅姬颱風襲台，長榮航空公司考慮飛機調度，希望航機盡量回台，引起網路熱議，不料後來被民航局開罰，空服員職業工會長榮分會藉機向長榮資方抗議，爭取修改勞基法，也因而爭取到颱風假，領有颱風出勤者的颱風津貼。「好事傳千里」，此一消息引起長榮航空飛行員工會的興趣，開始運作。加上新聞媒體的推波助瀾／同情弱者，「天災假」成為空服員請假的正當理由，致一發不可收拾。

長榮航空空服員2019年的罷工，至今仍是台灣航空史上時間最長、影響層面最大的罷工行動。僅罷工第七天就取消1,400個航班，影響超過20萬人。交通部表示，6月20日至7月6日共取消了1,439航班，影響旅客278,420

人次，包括1,301個旅行團共30,089人。

當罷工進入16天，當時的交通部長曾撂下重話，不排除檢討長榮航空的航權。

✈ 2019年長榮空服員罷工紀要

- ・4月17日，桃園市空服員職業工會與長榮航空第三次勞資爭議調解，確認調解不成。
- ・4月19日，公會舉行會員代表大會，決議啓動罷工程序，4月30日開始投票。
- ・5月8日，長榮內部信件公告，表示發生罷工，將取消罷工者的優待機票三年，5月10日工會對此公告提請勞動部裁決。
- ・5月23日，對後續協商規則開會前會，但協商毫無進展。
- ・6月6日，空服員工會罷工投票，6月7日開票結果4,038票同意罷工，佔工會總人數的68%，其中長榮分會3,276人，有2,949張同意，符合勞資爭議處理法同意票超過會員人數50%，工會獲得罷工權。
- ・6月10日，第2次會前會，雙方同意在6月20日進行第3次協商，由勞動部次長劉士豪主持，並開放直播，但無交集，協商一小時後，工會要求休息，則在下午約2點回現場後宣布4點開始罷工。
- ・6月20日，晚間空服員開始收集三寶（空服員上飛機上工作必帶的證件），事情越演越大。6月21日以後勞資雙方各站在各自立場你來我往，各有堅持。空服員工會乾脆在長榮桃園總部大門內搭起帳棚，大有準備長期抗戰之勢。
- ・7月6日，罷工後第3次協商，勞資雙方簽下團體協約，工會宣布隔天開始返還三寶程序，罷工將在7月9日正式結束。

至於勞動法規如「勞基法」與民航法規有無適時修正的必要，交通部、勞動部與航空及勞工團體，應經常協調，期早日發現問題，解決問

題，則公司幸甚！員工幸甚！

我們在此祝福：企業主與員工上下一條心！共創雙贏！

Chapter 10

嚴重新冠肺炎
疫情來臨時代

　　Covid-19是如何發生的，至今尚無定論，但根據WHO（世界衛生組織）的統計，已殃及超過100多個國家，2021年12月28日又發現Omicron，目前已蔓延60幾個國家。截至2022年3月12日，Covid-19全球累計確診案例456,790,241例，死亡6,040,665例；台灣累計確診案例21,225例，死亡853例（每日確診案例資料可上網查看）。

第一節　何謂檢疫（quarantine）？

　　海關（customs）、移民（immigration）、檢疫（quarantine）等三樣手續，都是進出國境必要執行的公權力，不得省略與違反。

　　對檢疫（Q）而言，基本的做法就是「隔離」。所以quarantine（義大利文的原意是40天），在台灣有稱動植物檢疫，植物的檢疫比較簡單，動物比較麻煩，人最麻煩、意見最多，尤其在2021年。

　　各國均視疫情的狀況決定隔離措施，以便早日做要隔離天數的宣布，甚至事前即通報禁止入境的措施。

　　筆者在桃園機場工作期間，曾看到有愛狗的入境乘客，不忍和她同行的寵物狗要被執行隔離的檢疫而淚灑機場的場面，且這樣的場景屢見不鮮，不足為奇！

　　過去，各國對乘客的檢疫作為，被認為是正常的、也是應該的手續，不影響正常搭機旅客的意願。直到2020年1月15日疾病管制署將Covid-19不明肺炎列為第五類法定傳染病，定名為「嚴重特殊傳染病肺炎」，並成立中央流行疫情指揮中心後，台灣的檢疫工作就如火如荼，普設檢疫病床、旅館、防疫專車等，每日下午都有疫情記者會，發布／答覆記者有關疫情的詢問。

第二節　Covid-19新冠疫情對航空運輸的衝擊

　　據IATA數字，由於世界各國政府頒布旅遊限制，加上旅客信心猛跌，導致2020年全球旅客人次約為18億，較2019年47億減少60%；國際航空運輸協會（IATA）預測報告中表示，航空公司將隨疫情的減緩慢慢復甦，2021年全球旅客人次提高至28億，2022年全球旅客人次預計可提高至34億。300家負責全球80%運輸量的航空公司，2020年共虧損1,377億美元，2021年損失達到518億美元，預估2022年全球航空業虧損將大幅降低至約120億美元。因此，航空公司無不視疫情情況調整經營策略。

　　交通部民航局也於110年10月18日修正發布「民用航空運輸業管理規則」第13條之一修正條文，規定「受嚴重特殊傳染肺炎疫情……影響營運而有暫停航線者……民航局得……予以補救」。

第三節　航空公司營運方式的因應

一、客運

　　客機的載客人數已如本章第二節所述，悽慘無比！有航空公司為了不無小補，向民航局申請拆下旅客座椅，改裝載重量較輕的貨物如口罩，民航局為了飛安，也發布客艙改裝標準供業者遵照。詳情請上網參考民航局2020年12月24日發布的「新型冠狀病毒肺炎期間民用航空運輸業客機載貨申請作業原則」第4版。航空公司甚至於創造如下的產品：

(一)偽出國／類包機

因為疫情的邊境管制出不了國，老百姓悶，就有些國家主管觀光旅遊的機關，推出振興國民旅遊方案，在國內的某個機場登機出發，繞一大圈再回到原機場的空中旅行，欣賞空中美景，回味搭機的氛圍。

如2020年11月7日長榮集團挺自家長榮航空公司，包機讓旗下公司員工及親友免費搭乘，由桃園機場起飛繞行日本與那霸島上空後返台。

又如2021年3月27日長榮航空公司就用A321型客機，從松山機場起飛再回松山機場，沒有在他國入境，所以回來的入境乘客可以在機場免稅店購買免稅物品，也沒有隔離檢疫的問題，在機上仍有供餐，但飲食完畢仍須戴口罩，進出航站仍按平常程序辦理。

(二)旅遊泡泡（travel bubble）

又稱安全旅遊圈，指在疫情相對穩定的國家間，推動入境互不隔離或縮短隔離時間的做法，藉以增加航空公司的收入，但其條件必須互惠平等，否則難以長久。如台灣與帛琉的旅遊泡泡，就因帛琉對台灣旅客入境仍須居家檢疫七天，減低了台灣旅客的興趣，只好無限期延後。不料在2022年1月起，帛琉傳出新冠疫情大爆發，已有189個個案染疫，後來交通觀光局公布參團解約退費處理原則，旅行社得扣除已代繳行政規費及以支付之必要費用，另得向旅客收取不超過5%旅遊費用作為補償。觀光旅局並配合中央疫情指揮中心，調整台帛旅遊泡泡旅客返國防疫措施，並公布旅客參團解約退費處理原則。

二、貨運

民航局發布「新型冠狀病毒肺炎疫情期間民用航空運輸業客機載貨申請作業原則」，供航空公司遵循：

(一)目的

為因應新型冠狀病毒肺炎（COVID-19）疫情期間，民用航空運輸業客運量驟減，民用航空運輸業者有使用客機載貨之需求，民航局特研擬該原則，以供業者遵循。

(二)適用期間及對象

中央流行疫情指揮中心一級開設期間，民用航空運輸業（以下簡稱業者）有申請客機載貨需求之業者。

(三)申請程序

業者欲於既有航線客運航班執行載貨作業，應行文民航局申請特殊作業（由飛航標準組收文並會空運組審查），經核准後方可實施。

(四)申請類別及作業方式

業者依現有航機機型及作業方式向民航局提出申請，客機載貨方式分為以下二大類，執行原則及限制如下：

■客機僅下貨艙載貨

1. 業者應行文申請以現有航線客運航班作業，並確認該航班無載客服務，經民航局審查同意後可不派遣客艙組員。
2. 業者須依現有客機之貨艙裝載貨物之作業規定執行。
3. 若客艙不派遣組員，業者須述明緊急事件之處置程序，例如比照飛渡作業時之客艙火警程序。

■客艙載貨不載客

1.業者現有客機以不拆座椅爲原則。

2.貨物以乘客可攜帶物品種類爲原則，包含液體容量等之相關規定。

3.作業方式及注意事項：

(1)裝載限制：

・貨物位置：應置於可固定且可承重之位置，如乘客座位上方置物櫃（overhead bins）、乘客座椅上（on passenger seats）、座椅下方置物空間（under seat stowage）。貨物裝載位置不應妨礙任何通道及出口之使用，不可阻擋逃生路線、標示。貨物不可置於非儲物空間，如：廁所、廚房等。

・固定方式：應以可固定所載貨物方式固定，如座椅安全帶（seat belts）、貨網（cargo nets）、繫留束縛條帶（tiedown straps），且能防止其於飛航或地面作業時可能之移動。在起飛、落地前或安全帶燈亮起時需可由組員檢查貨物是否被繫牢。

(2)貨物限制：

・重量限制：不可超出儲物櫃、地板、座椅等位置之重量負載限制。座椅應依技術標準規範固定於軌道上，承受之負重限制爲77公斤（170磅），且貨物重心必須低於座椅設計之乘客重心。座椅下可儲放之最大重量爲9公斤（20磅）。

・體積限制：貨物高度不可超過椅背、寬度不可佔用通道，或突出該儲物空間之範圍。

・載貨內容：須遵循客艙行李之內容物種類限制、包裝材質之壓力限制，不可是危險物品，如：鋰電池、氧氣罐等。貨物應適當包裝以避免傷及乘員。

(3)組員及額外裝備限制：

・申請業者須說明無載客情況下必要之客艙組員人數。

・緊急程序：業者須制訂並說明滅火、貨物鬆脫時之程序，並考

量針對貨物內容物、滅火等緊急需求時，應額外準備之裝備。

· 載貨之客艙空調需設定溫度在攝氏18至20度（華氏65至67度或適合之溫度）及最大流量。客艙偵煙器必須依維護手冊進行維護。

(4)申請業者需說明客艙貨物之通關方式、客艙上下貨之人員及作業方式。

(5)其他有關客艙裝載行李及貨物之相關限制，申請業者需參照「航空器飛航作業管理規則」第48條有關乘客隨身行李計畫、第335條有關客艙行李貨物及第336條有關貨物裝載之相關規定比照辦理。

(6)有關詳細客艙貨物裝載方式，可參考IATA Guidance for Safe Transport of Cargo in Passenger Cabin Ed 1, (2 Apr. 2020)之建議。

Chapter 11

機　場

第一節　機場的建設與發展

「機場」是我們一般的通稱。早期的飛機小，速度慢，起飛和降落所需要的空間不大，所以機場不但小，而且是圓形的草地，飛行員可以從機場風向儀的搖動測出有利於飛機起飛及降落的風向（要頂風），停機的位置也有防止日曬雨淋的機棚。

世界上最古老而持續經營的機場是成立於1909年在美國馬里蘭州的大學園區機場（College Park Airport）；1920年代後期，出現第一個使用照明設施的機場；1922年有第一座永久供民用航空業者使用的機場和客運大樓。因為機場的停機坪是用水泥鋪設，也有照明可供夜間飛行，在那個機場開始使用水泥鋪設停機坪的時代，也允許夜間飛行和較重的飛機降落。1930年代開始使用進場降落照明設備，因此飛機起降的方向和角度開始有了固定的規定。國際間也有了照明的顏色和閃光時間間隔的標準（取自維基百科）。

飛機的飛航一定要在可以起飛、降落和其他與飛航有關設備的場地，這個場地有大有小。英文稱為airport，日本稱之為空港，台灣的民航法規有航空站（airport）及飛行場（airfield）兩種，通稱為機場。稱機場也好，稱航空站也罷，至少要有提供飛機起飛和降落的跑道（可長可短），以及停放飛機的停機坪（可大可小）。

根據台灣「民用航空法」第2條，航空站之定義為：「指具備供航空器載卸客貨之設施與裝備，及用於航空器起降活動之區域。不是只供飛機起降活動的水陸區域（飛行場）。」根據維基百科（2006）的資料，全球大大小小的機場約有49,000座，其中為國際機場協會（Airport Council International, ACI）會員的，只有626座，台灣只有桃園及高雄2座機場為會員，桃園國際機場於2021年4月7日獲國際機場協會頒發機場健康認證計畫

證書，受到國際社會肯定。至2009年，美國中央情報局指出，全球從空中可辨認出的機場大約有44,000座，其中美國擁有15,095座，為世界之最。

從機場的定義可以知道現代化的機場，一定要有跑道供飛機起降，一定要有客、貨的設施與裝備供飛機載卸。至於跑道要幾條、要多長；客運大樓要多大、要幾座；貨棧要多大、要幾座；在機場內或機場外；要有飛機維修保養的修護廠嗎；是政府或私人來投資；機場是政府或私人企業來經營管理；機場不適合蓋在市區，其聯外交通如何解決；用地要如何取得等等，以及許多與公權力相關項目的配合，可以說是多如牛毛。到目前為止，只能說有比較滿意的機場，似乎還沒有完美的機場。

要興建一座機場首先要選地，選好地點以後就是如何取得土地。以前，環保意識不高，被選定在附近蓋機場的居民都很興奮，甚至舞龍舞獅來歡迎。如今，情勢已經大大改變。日本成田機場就是個例子，幾乎從開始規劃起，附近居民就為了噪音，天天反對，年年抗爭，連已經建好啟用還是有抗爭，以致不只要搭機的旅客在進入機場大門口前要經過驗證，執行檢查工作的人員都還戴防毒面具，讓人以為是進入戰地，直到2015年3月30日才取消檢查。

✈ 樞紐機場的建設趕不上航班的增加

機場土地不只取得困難，且取得的土地也有限，寸土寸金。在繁忙的機場，如北京機場、上海（浦東、虹橋）機場、美國的甘迺迪機場、英國的希斯洛機場，雖然已經夠大，停機位還是常常不足，尤其在尖峰時段，根本不可能再增加航班。當今的上海、北京機場，要增加航班也只有在三更半夜的所謂「紅眼航班」（因為沒有睡覺，眼睛會有血絲）。

有人會說既然開店就不要怕客人多，可是客人同時來太多，店會擠不下。因為有很多人都不習慣早起或晚睡，所以航空公司在安排航班起飛或到達的時刻，都儘量安排不太早也不很晚，不過如果大家都是這樣，機場

尖峰與離峰的情況就會很明顯，機場的有效使用率就會碰到瓶頸，不能在一天二十四小時內平均使用，機場會造成沒有航班起降的時段，是一種投資的浪費。其實跨洲際的航班會有時差，航班適合A地出發的旅客不一定適合B地的乘客，何況A地的乘客到達B地就有時差，也難以適應，除非不跨洲飛行。

　　一條跑道在一個小時內大約可以容納35架次飛機的起降，問題不大。問題出在繁忙機場停機位置的擴充永遠趕不上航班的增加，進入機場的空域（air space）也保留一定的空間，來因應緊急及特殊情況的需要使用，如果機場再實施宵禁（curfew），則機場的尖峰時段會更長、更明顯，機場的使用率就很難達到經濟效益，非常可惜！因此，機場當局會採取措施，包括跑道航機的起降隔離、機場附近上空航機的流量管制（air traffic control, ATC）、機場時間帶管制（airport time slot control）及機場地面停機位的分配等。

　　在軍民合用的機場，軍方會因需要而公告禁止民航機飛航的時段，這不叫宵禁。有些實施宵禁的國家會給機場附近居民噪音補助費，或是幫附近居民解決噪音的消音問題。台灣的機場也有宵禁的措施，也有提供附近居民的噪音補助款，可惜的是，從媒體報導的印象中，好像改善噪音的具體做法不多，爭取補助費的動作不少，敦親睦鄰的效果好像不彰，反而發生許多奇奇怪怪的事情，有機場鄰近的居民領了補助費不去改善住家的隔音問題，也有嫌補助金太少而抗爭，也有官員因處理不當而官司纏身。

　　有關宵禁時段，機場單位會依各機場的不同訂定公告，通常有2200-

宵禁（curfew）

也許有人會懷疑，沒有戒嚴哪來宵禁？機場的宵禁是指機場在一定時間內禁止飛機起飛、降落及試車。宵禁的原因來自於機場的噪音，機場的噪音又來自於飛機起飛降落以及發動機的試車，噪音都會影響機場附近居民的夜間睡眠品質。通常機場單位是不會主動實施宵禁，都是機場附近居民抗爭下所採取的措施。

0600、2300-0600、0000-0600不等，航空公司必須遵守。偶有不得已而預計會超過宵禁時間的航班，航空公司都要事先徵得許可後才可以讓航機降落。

✈大陸的機場建設及桃機第三航廈興建

由於嚴重新冠肺炎前的大陸經濟成長快速，人民所得增加，其國內航線的客運量近些年不斷成長，大型的機場接二連三興建，以吞吐量統計分別為：北京首都國際機場、上海浦東國際機場、廣州白雲國際機場、成都雙流國際機場、深圳寶安國際機場、昆明長水國際機場、上海虹橋國際機場、西安咸陽國際機場、重慶江北國際機場、杭州蕭山國際機場。

台灣的桃園機場第三航廈於2014年3月27日經行政院核定「桃園航空城機場園區建設計畫」及「桃園航空城附近地區建設計畫」為重大建設。其後經過多次協商、公開展覽，至2020年6月19日始核定通過「桃園航空城機場園區特定區土地區段徵收計畫書」。曠日廢時！所幸土建、機電工程招標及動工作業均已於同年展開，預計於2025及2026年完成航廈主體及南登機廊廳，完成後將提供每年2,000萬人次服務容量，後續將再配合衛星廊啓用，提供每年4,500萬人次服務容量。

✈機場時間帶／時刻的協調

國際航班要飛經不少國家，不少的時區。熱門國際機場的擁擠情況可想而知，為了使各航空公司的國際航線航班順利取得所要的時間帶，國際航空運輸協會（IATA）每半年（也就是在夏季及冬季班表編排前），都會邀集各機場的時間帶協調人（slot coordinator）共聚一堂，召開時間帶協調會，由各航空公司的代表，先就各公司下一個季度的各航線，在各機場所需要的時刻，自行去找要飛航的機場時間帶協調人協調；而各國的協調人會在協調會場都設有窗口，來為各國有需要的航空同業服務。

　　航空公司作爲該國的機場航班時間帶的協調人時，在航班時刻「協調」領域的地位上，就會高其國內的同業一等，因爲各航空公司所要的時間帶都一定找各國的時間帶協調人協調，協調人就有籌碼去要他自己公司所要的機場的時間帶，同時，也有機會先獲得同業間未來的航線發展情報，並回報其總公司先研究對策，間接對當協調人的公司有利。

　　在台灣，早期只有華航一家飛國際航線的航空公司，當時華航是唯一也是當然的台灣機場時間帶協調人，事情單純。到了有第二家經營國際航線的長榮航空公司出來以後，因爲長榮初期的航班不多，透過協調人——華航幫忙還算可以順利取得時間帶，也不會增添華航太多的麻煩，直到隨著航班的增加，長榮發現在取得他國機場的時間帶上，不方便再增添華航的麻煩，乃建議台北民航局比照歐洲，由中性的第三者代爲辦理的做法，改交台北市航空運輸商業同業公會代爲操作，由民航局監督，所需經費由各航空公司按航班比例分擔，順利施行至今。

✈ 飛機與機場是雞生蛋還是蛋生雞？

　　第二次世界大戰結束後，飛機製造的技術日新月異，載重量也越來越大，民用航空事業也跟著發展，以致飛機場的設備也要隨著更新，尤其在1960年後，噴射飛機的誕生，需要較長的跑道來滿足噴射飛機的起飛及降落。也因爲飛機變大又變高，如再採用傳統的階梯上下旅客，又慢又不方便，乃在候機樓加裝可以讓乘客遮避風雨的空橋（air bridge）。有了超音速飛機的發明後，機場的跑道又要加長；有了A380大型客機的出現，機場的硬體設備也要配合。不僅如此，各國都在興建現代化機場的同時，機場的建造也越來越人性化。

　　在21世紀的今天，樞紐機場的擴充未曾間斷，不是就地擴建就是遷往離市區更遠的地方去興建更大的機場；陸地不夠的地方，如香港、大阪，就往海上蓋機場。沒有機場的省市縣地區也相繼興建，並想盡各種方法

（如補助或優惠）吸引航空公司飛航，也有乾脆自己搞一家航空公司，可見航空產業的熱度仍然持續在發燒，難怪樞紐機場的擁擠情況越來越嚴重。

✈ 機場會離市區越來越遠

建設新機場或機場擴建的徵地及施工，都會對當地的環境造成影響，往往受到附近居民的抵制。香港啓德機場除了考慮飛機起降的安全標準外，噪音擾民也是必須遷走的重要原因之一。但是日本東京的國際機場由羽田搬去成田則與噪音無關，只是羽田機場土地太小擴建困難。雖然成田在東京郊外人煙稀少，附近的居民也是極力反對，其計畫中的第二條跑道用地上就有一戶人家不搬，導致該條跑道始終無法按設計順利進行，到2004年完成了2,180公尺時先行開放較小型飛機使用（波音等大型飛機仍無法正常起降）。2009年10月才延長為2,500公尺，全面開放使用，提供波音747等大型飛機起降。這是一個抗議機場噪音最典型的例子。

✈ 機場要搬家，聯外交通要配合

飛機越多也越大，機場也逐漸越搬越離開城市，機場離市中心越遠，聯外交通就更顯重要了。機場捷運系統如香港赤鱲角機場與香港中環的機場快線，其他如德國法蘭克福機場（Frankfurt Airport）、荷蘭阿姆斯特丹史基浦機場（Amsterdam Airport Schiphol）、倫敦希斯洛機場（Heathrow Airport）等，都有軌道運輸直接通到機場，與機場航廈緊密連結，非常便捷！台灣比較遺憾，桃園機場未能在1979年啓用的同時完成捷運系統，以後的機場捷運工程招標也都無疾而終。直到2017年3月2日台灣桃園國際機場捷運終於正式營運通車，值得慶幸！

✈ 機場場內的交通也很重要

　　現在大機場的航站客運大樓常常不只一座，而且每一座都有不少停機位置；有兩座航站樓以上的機場，進出旅客的動線更長，如何加速搭機或下機乘客的移動，是機場當局要及早規劃的。因此相當多的機場提供電動步道（也是要走，站著不動反而會比用走的慢）和場內巴士，也有架設軌道交通，提供旅客多一個選擇。香港赤鱲角國際機場航站樓內的電車、新加坡樟宜機場內的高架旅客運送車，都是值得參考的。

　　機場的內外標示也不容小覷，雖然所費不多，但要讓一個從來沒有到過機場的陌生人看圖示認路是一門學問，尤其是有兩座航站樓以上的機場，不要說是陌生人，不常去的人也會迷路的。有關進入機場的指標、不同航站樓的指標、各航空公司報到櫃檯位置的標誌以及停車場等，都是非常重要的指引，值得機場當局重視。

　　為了旅客有序進出機場，機場的出境（departure，始發）與入境（arrival，到達）是要分開的，大致有上下層的分開、左右邊的分開以及前後邊的分開。在出境航站樓的面積大，且旅客辦理報到手續比入境通關所花的時間要長，更需要機場當局做好目標的指引。其他在航站大廈內的各航空公司櫃檯、海關、移民、安檢、商店乃至盥洗室的指標，都必須清楚易懂。尤其在疫情嚴峻的期間，對檢疫設備、人員配置上均要特別完善。

✈ 不要小看機場盥洗室

　　盥洗室是機場最不起眼但是人人都要使用的設備，也因為大家都要使用，就會有不愛惜使用的情形，造成最容易被詬病的場所。用心的機場主管，每天上班的第一件事就是檢查航站樓的衛生間，而且不是只有檢查一次。能把機場的盥洗室搞乾淨，給旅客好印象，機場的評比就好了一半，

不會太差。疫情管制期間，盥洗室也是感染源之一，不容忽視。

✈ 機場也要變商場

　　機場是敏感也是重要的地方，尤其是國際機場，是國家的大門，所以都分為可以自由進出的公共區及管制區。在公共區域的人潮是洶湧的，因為除了搭機的乘客外，也有送機的親友（在開發中或人口多的國家，送機的人常常是比搭機的人多），而且在機場所停留的時間都比搭火車、汽車久，送客的人進不了管制區，總要找個地方聊天，一般的商店就免不了。如今，機場購物的方便與否，已經列入機場排名的評比項目之一。

　　除了自由港（free port）如香港、新加坡不管在何處購物都免除進口稅外，要買免稅品只有在免稅店（duty free shop），而免稅店以機場為大宗。為了防止免稅商品流入國內，有關免稅品的販賣和交貨，都有妥善的規劃與管制，早期的免稅商品只能賣給出境的旅客，所以都設在國際機場管制隔離區內。如今寬鬆了許多，入境的旅客可以在到達入境通關前買免稅品，或入境後在有確定的航班的出境前，在機場外的市區免稅店，憑護照先完成交易，於出境搭機時提取。

　　為了賺取外匯，大部分的國家可以在旅客出境的機場海關辦理退稅，因辦理退稅的旅客很多（以前是台客，現在是大陸客），常常大排長龍，曾經發生旅客因辦理退稅而錯失航班的情形，值得注意。

　　在台灣買免稅品又更方便，免稅商品的業者根據離島條例，設置不用出國，也可以從外島的金門、馬公、馬祖等離島的機場免稅店，憑國內航線搭機證明，購買限量的免稅品到台灣（於登機時提領）。

　　因為機場是比較特殊的場所，也是寸土寸金的地方，所以有意在機場經營免稅商店或一般商店，都要經過公開招標的程序，得標者除了要付場地租金及水電費用外，還要支付額外的特別許可費用，然而爭取經營的廠商仍絡繹不絕。不能在機場設立，就移往市中心，設立城區免稅品購物中

機場內的免稅商店

心（downtown duty free），而且生意越做越大。

✈ 出國好像是為了買名牌？

在飛機上買免稅品是乘客的最愛，可是航空公司會考慮航程太短，賣免稅品的時間也短，因為飛機上能裝免稅品的空間有限，少裝運上機，造成不夠賣或無法賣的情況，乘客多所抱怨。在機場買不到免稅商品，機場當局也會被指責，所以幾乎各地機場都在發展航站樓的商店生意，既可賺錢又受客人好評，何樂不為？因此，把機場客運大廈變為乘坐飛機旅客的購物天堂的做法，已經越來越風行，有些機場簡直像是百貨公司，擠得水泄不通，客人並不會埋怨，這些方便旅客購物的機場，排名還都在前十名以內。

由於機場會有人潮，是商家必爭之地。非管制區如此，管制區競爭更是激烈。機場所謂的美食區，常常物以稀為貴，物既不美，價也不廉，經

常被旅客詬病。此種情況幾乎是所有機場都有。台灣也流行好幾十年，直到大約2010年起才有改善，也允許超商進駐，加惠一般旅客，廣受好評。近年來，有些機場會販賣當地的特色美食，讓乘客不需離開機場也能享受當地的食物或文化，對於機場整體服務水準的提升，有很大的加分效果。

桃園國際機場近年來也因機場內免稅店及美食街的改進，提升其國際機場的排名，就是一個很好的例證，在2013年10月17日的今日新聞網票選爲好睡的機場，也獲得「旅遊網站好睡機場」公布爲2013年亞洲最好「睡」機場的第六名。當然我們不希望旅客是把用來「坐」的椅子眞的躺平來睡。

繁忙的機場擁擠，也已漸漸搬離市中心，在網路尚未普遍前，有航空公司爲了分散及方便旅客，曾經在市區重要的交通位置設立城區報到中心（city terminal），供無託運行李的旅客報到劃位。如今拜網路之賜，航空公司開發網路的訂位與報到系統，更減輕機場的壅塞，加速機場旅客的流通。機場當局逐漸考慮到旅客在機場的「無聊」，除了加強多樣的購物商品供應外，也開始提供旅客在機場可以消磨時間的有償或無償的設施，例如：圖書館、瑜伽室、滑冰場、模擬飛行器、迷你高爾夫、溜滑梯、醫療中心、按摩，甚至吃角子老虎、三溫暖或短時間的休息場所等設施，大獲好評！

✈跑道燈很壯觀

許多機場都有跑道燈，在夜間、大雨或濃霧的情況下，引導飛機準確的使用跑道和滑行道。跑道上的綠色燈光代表降落的起點，而紅色燈光代表跑道的終點；跑道兩側邊燈爲白色，以一定的間距排列在跑道兩側，是跑道邊緣的標示。有些機場有更複雜的跑道照明，包括跑道中線燈，沿著跑道中心線排列，以及進場輔助燈。低流量的機場會使用飛行員控制燈光，讓飛行員在飛機上控制跑道的照明，可節省電力和人員成本。

除此之外，天氣觀測對於飛機的安全起降是相當重要的。在美國和加拿大，絕大多數的機場都要有自動氣象站、氣象觀測員，或兩者皆有。這些氣象觀測，主要是航空例行的天氣報告，也可透過無線電、自動終端情報服務、空中交通管制或飛行服務站得知。為了達到最佳飛行品質，飛機起飛和降落時需要注意風速和風向。因為飛行員在著陸過程中需要即時訊息，跑道旁的風向袋能夠迅速的指示風向（參考維基百科機場篇）。

✈ 台灣的機場

到2014年為止，台灣的機場沒有民營，就算將「桃園國際航空站」公司化，改為「國營桃園機場股份有限公司」，還是國營。台灣的機場應可從日據時代算起，有了日本打下的基礎，才有今天的成果。台灣的松山、台中、嘉義、台南、花蓮、馬公等六個機場是從日據時代到今天，而且都還是軍民共用的機場，航空公司分享軍用機場的資源，如跑道、供油、航務、飛機維修及飛航管制等。

軍民合用的機場由軍民雙方簽有借用合約，規定各方應有的權利與義務。各軍用機場在開放借給民航初期，有關機場的使用是以軍機為主，民航機飛航的時間必須在軍機不使用的空檔，這是不得已的做法。如今情況大為不同，軍民共用的機場，反而以航空公司使用為主。足見軍方對台灣民航的普及與發展，確實有不能磨滅的貢獻。

也許是航空公司借用軍方機場的緣故，台灣民航發展初期有個現象，就是與空軍脫離不了關係。為了方便協調，民航局以及航空公司的重要幹部都來自空軍。空軍能轉業的人員，以轉航空公司為優先考慮，轉航空公司的以華航為第一志願，轉政府民航單位者居次。所以在當時有台面下的笑話說，在航空公司領導人加起來的星星（將官）比在民航局的多，而且在軍方的官階也大，甚至有當過轉任民航局的長官。論職掌，民航局還是監督航空公司的，表面上航空公司還是要給予尊重。不過，有了幾十年的

長官部屬關係，事情比較容易溝通協調，就這樣經過幾十年的歲月，奠定了台灣民航事業發展的基礎。

第二節　機場的種類與設施

一、機場的種類

機場的種類依用途分，可分為國內機場、國際機場、備降機場及軍用機場。國內機場是指：不設置海關、移民、檢疫（通常簡稱為CIQ）等單位的機場，具體應該稱為國內航線機場；反之，設有CIQ的機場，就是國際機場。備降機場是指：航機飛行途中如有需要可以降落的機場，無論國內或國際航線，為了安全的考慮，在飛航航線的安排（飛行計畫）一定要有備降機場，以備不時之需，雖不做通關之用但可以減少法定載油量。如1979年以後的松山機場為桃園國際機場的備降機場（備降機場又有起飛、航路及目的地的備用之分）。

二、機場的設施

機場的設施除了客運大樓與貨運倉庫外，至少要有以下三項：

(一)跑道

機場的投資需要龐大的資金，跑道（runway）是機場必需的主要投資之一，跑道的投資不小，跑道要長或短完全視當時使用飛機的大小而定。就如早期都是小飛機，因為載量少，且起飛、降落的速度不快，跑道往往短於1,000公尺，而且早期的跑道為硬土、草皮或砂石結構。後來飛機大

飛機起降的跑道

　　了，機場的跑道結構也跟著要加強，如鋪瀝青或混凝土，使能承受比較大的重量，以及增加長度，來適應飛機起飛和降落長度的增加。

　　目前世界上最長的民用機場跑道是中國昆明的昌都邦達機場，長度為5,500公尺，其中的4,200公尺滿足4D標準，同時它也是海拔最高的跑道，其高度為4,334公尺。而世界上最寬的跑道的機場是在俄羅斯的烏里揚諾夫斯克東方港機場，有105公尺寬（參考維基百科資料）。

　　建設一座機場除了要投入龐大的資金以外，也需要寬廣的土地來開闢跑道及滑行道，蓋航站大廈、貨運倉儲、航空用油設備以及飛機修護等。至於各項設備的規模大小，如跑道究竟要多長多寬、要幾條，事先都必須要有嚴謹的規劃。通常機場當局對於跑道都會有短期、中期及長期的建設計畫，跑道的長度及寬度取決於起降飛機的機型，要幾條跑道則要看未來的成長，分期興建。

(二)滑行道

滑行道（taxiway）是在較大的機場提供給飛機在跑道與航站樓之間活動的道路。小機場是提供小飛機起降，往往只有一條跑道，而且跑道也兼滑行道使用，飛機先在跑道上滑行到跑道的另一端180度掉頭再起飛，降落時也是降落到跑道盡頭後180度轉頭滑行去停機坪。

一座機場要不要增闢滑行道，要看航班的需要與否來決定。有些機場的滑行道結構強度與跑道相近，必要時可以兼為跑道使用。有了滑行道可以減少航機占用停機坪的時間，有效使用停機位置。在繁忙機場的尖峰時段，飛機在滑行道等候起飛排隊的時間，有時候排了一個小時還不見得能輪到你乘坐的飛機準備起飛。

(三)停機坪

停機坪（apron）顧名思義就是供飛機停放的位置或區域，供長期停放的停機坪都設在機場不重要的角落，絕大多數是設在客運或貨運大樓旁，

停機坪

方便乘客上下飛機和行李或貨物的輸送，即使因靠近航廈的停機位不足，停在距離航站較遠的地方（我們稱之為外機坪，沒有空橋可以利用，還要使用接駁巴士，又稱為「擺渡車」），航機都是只有短暫停留。

客機的停機坪大部分都緊靠候機樓，且設有空橋，空橋的高度可以調整與飛機門等高，方便客人進出飛機。不需要上下樓梯，也不受風吹雨打，可是機上空服員要注意機門門檻與空橋的間隙及落差（曾經發生乘客跌倒的事件），因為飛機門的高度會因為飛機上重量的差異而略與空橋的高度有落差——下客人時因為飛機重量減輕，飛機門會略微上升；反之，上客人時飛機重量增加，飛機門會略為下降。

空橋有固定與可伸縮活動兩種，固定式的只能固定給一種飛機使用，活動式的可調整高度來配合不同形式的飛機使用，其方便性無庸置疑，沒有乘客會反對使用空橋，用習慣了反而對於有些機場因空橋不足，或飛機小無法停靠空橋（因為飛機高度低，老舊的空橋無法降到飛機門高度），造成旅客不便而產生不滿。

✈ 有空橋故意不用的時機

有空橋卻不使用的情形只有一個，那就是國家領導人及天主教教宗進行訪問的專機，因為他們的下機及登機都會舉行盛大的儀式。儀式需要寬敞的地面，也必須使用鋪有紅地毯的樓梯車供領導人步行上下專機，可以停留在機門揮手接受歡迎或歡送，再下機走過紅地毯讓文武百官夾道歡迎，送機亦復如此，並方便新聞媒體的拍攝。至於教宗的專機不用空橋的原因除此之外，是要方便教宗親吻造訪國的土地。

方便旅客登機或下機的空橋

 第三節 客運大廈

客運大廈（passenger terminal）也好，客運航站也好，航站樓也罷，都是機場提供旅客出境搭機或入境到達或轉乘飛機的場所，是機場的主要建築之一，是集與航空有關的各行各業於一處的地方。大的機場不只有一座客運大樓，一般都在兩座以上，所以就有1、2、3……號樓的編排（如桃園機場有第一及第二航廈）。在一座航站樓內通常就有十個以上的登機門（boarding gate），每一棟樓內都有出／入境大廳、有航空公司辦理登機手續及託運行李的櫃檯、有安全檢查的設備、候機室、託運行李運送／分類處理設施等。

國際航班的機場就要有海關、移民和檢疫（CIQ）之人員配備與設備。其中以航空公司的出境旅客報到櫃檯的設計格外重要，除了要有航機

機場登機門都有明顯的標示

離港的電腦控管系統（Departure Control System, DCS）外，託運行李的輸送以及行李分檢系統的設置更是馬虎不得，尤其是有轉運樞紐功能的機場。不要小看航空公司報到櫃檯內的輸送帶（conveyor），在輸送帶的路線上會裝設X光機，由安全檢查人員確認託運行李安全無虞後，才會讓行李繼續經由輸送帶送往電腦分檢系統，分送到各不同目的集中區，等候裝機。

對於到站的託運行李，最重要是如何快速送到行李領取區／轉盤（通常航空公司要求第一件行李要在飛機到達後的二十分鐘內出現在行李領取轉盤），以便旅客自行提領通關。因此，行李待領轉盤的設置，也是客運大樓規劃時的一門學問。

機場中領取行李的行李輸送轉盤

　　機場行李輸送帶是輸送旅客託運行李的重要設備,通暢與否與旅客進出關的快慢有極大的關係。幾乎每個機場都有發生輸送帶故障的情況,只是頻率的多寡。所以不論是否委外辦理,平時的維護保養非常重要。以免造成出境航班的延誤,入境乘客提領的久候。

　　此外,機場周圍交通秩序的維持也非常重要,除了完善的停車規劃以外,嚴格執行進出航站樓車輛的管理是必要的,尤其是接送搭機旅客的車輛應該一律停停車場,停車位不足,機場單位應該想辦法,如加設車牌辨識系統,加速車輛進出時間,所有車輛基本上不要停留在出境或到達的大廳前面。這是使機場地面交通順暢的不二法門,也是給外來的國際人士良好印象的重要指標,但要落實可能只有靠警察了。其他如照顧弱勢族群的軟硬體設施(如斜坡道、輪椅旅客的愛心櫃檯)、兒童遊憩區、銀行、電話通訊、租車、郵局、觀景台、圖書室等人性化的設施,都是現代化機場當局已經有的做法。值得嘉許!

✈ 商務專機的一條龍服務

現今的工商社會裡，時間就是金錢，用金錢可以買時間。工商大老流行起買私人專機（corporate jet）來用做商務旅行。可是大老們不一定都來自航空公司，專機要有人來飛、要有人保養，專機的進出手續（航務手續）也要有人辦理。因此，機場開始有專門為商務專機服務的一條龍服務公司。大老闆一下飛機就有豪華車從機邊接到機場商務公司的貴賓休息室，等候機場的海關、移民等單位官員移駕現場，完成貴賓大老們的入境手續（如果是國際）；出境也是一樣，先在貴賓室休息，就地完成通關後，也是有豪華車送到機邊。在商務公司的貴賓室裡面，吃的、喝的、洗澡的設備，一應俱全，專機上要補充的侍應品（吃的喝的），商務公司也一手包辦。當然商務專機一條龍服務的收費並不便宜，但這就是尊榮。因此，長榮在台北國際機場的台北商務航空中心（EVA SKY JET）及昇恆昌在桃園國際機場的環宇商務中心，因此應運而生。

✈ 機場的名字

機場的名稱大部分用所在位置取名，如高雄國際機場；也可以用公眾人物命名，特別是政治家，如巴黎戴高樂機場、紐約甘迺迪機場；在中國大陸的機場則更奇特，有使用企業名稱命名的，如四川宜賓菜壩機場在搬遷後，將改名為宜賓五糧液機場（因為宜賓生產五糧液名酒）；貴州新建的遵義茅台機場，也是採用茅台酒的名稱命名。究竟機場要如何命名，就不去討論了。

不管機場如何取名，每個機場都有獨一無二的代碼，而且是不會變的。目前機場代碼（airport code）有兩種，有國際航空運輸協會（IATA）的機場代碼和國際民用航空組織（ICAO）的機場代碼。IATA的代碼通常為機

場名或城市名的縮寫，如HKG代表香港國際機場。有些機場在搬遷後，仍保留其以前的IATA代碼，如TPE並不因機場從松山搬到桃園而改代碼。

有關IATA的機場代碼，我們可以從機場航站樓的航班動態看板、登機證或託運行李掛籤來辨認，如TPE。而ICAO的機場代碼則是四個英文碼組成，第一個字代表洲，第二個字代表國家，如桃園機場為RCTP。通常用於飛航管制與飛行計畫，一般乘客看不到，由專業人士去瞭解就好。欲查看更多的機場代碼，可上網搜尋。

✈桃園機場的命名

台灣的機場都以機場當地的地名作為該機場的名字。桃園國際機場的名字在70年代興建時就有討論，取名為桃園國際機場。當時有人建議，仿效紐約甘迺迪機場紀念甘迺迪總統的模式來紀念蔣介石，取名為中正國際機場，英文為：TPE/Chiang Kai-Shek International Airport，後來因有決定權的領導認為應於將來兩岸統一後再來考慮，何況該機場還在興建中，國際間也已經沿用TPE而作罷。不料，積極人士仍鍥而不捨奔走，到1979年啓用前終於成功爭取同意用中正國際機場的名字，2000年台灣政黨輪替時也未改變，到了2006年9月執政黨又將中正國際機場改回為台灣桃園國際機場至今。

第四節　航空貨運站

飛機不只有載客，所以機場除了要有客運大廈外，還要有處理航空貨物的保稅倉庫（bonded warehouse），台灣稱為航空貨運站（air cargo terminal）。航空貨運站不一定是由機場當局經營，也不一定是由航空公司投資經營。在沒有全貨機以前的飛機，航空貨物是由承載旅客的客機

載運，也就是說，除了載運客人以外還是會利用飛機主甲板下的空間（腹艙）裝載貨物，貨物不是託運行李，是要與旅客分開處理通關，這個處理貨物的場所，我們通常稱為航空貨棧或航空貨運站，是為貨物通關的需要，短暫存儲的保稅倉庫，其功能不同於供長期存放貨物的倉庫。

由於國際貨物的進口出口都會涉及稅捐的問題，所以在同一座貨運站的建築內，要按照海關的規定，將進出口貨物與一般貨物分開存放，在進出口貨物中，也要將一般乾貨（general cargo）、機邊驗放貨物（如活生動植物）及快遞貨物等分開處理。所以在同一座貨棧裡面會有：一般貨物倉、機放貨物倉與快遞貨物倉之分，都要分別向海關申請執照。在貨站內也要有為特殊貨物如貴重品、危險品、冷凍、冷藏等貨物儲存的設備。

海關對貨物的處理方式與旅客的託運行李不同，所以航空公司的處理也不同。託運行李是要在旅客通關的客運航廈處理，而貨物的通關是要在機場的貨運站進行。在貨運站又有處理國際與國內貨物之分，處理國內貨物只有貨物的安全檢查；處理國際貨物則除了海關外，還配有衛生及檢疫人員。

有全貨機甚至有全貨運航空公司以後，機場的貨運站更顯得重要。在土地遼闊的機場，一般的國家會允許航空公司在機場內蓋自己的貨棧來處理本身所載運的貨物，甚至還可以處理友航承運的貨物。但在台灣由於機場土地有限，不允許航空公司或航空貨運承攬業者在機場內設有自己的處理貨物場所，加上台灣不是如新加坡或香港是自由貿易港區，海關不允許整盤整櫃的貨物進出機場，而且也將空貨盤、空貨櫃視同未稅的貨物，不能自由進出機場，導致出口貨物不能在機場外由貨主自行打盤裝櫃；進口貨物也不允許在機場外拆盤櫃通關，所有貨物必須在機場內辦好一切通關手續後，才可進出機場。

台灣的航空業起步本來就晚，航空貨運成了氣候也晚，對機場航空貨運倉庫的需求更晚。早期機場的航空貨運倉庫也不具規模，政府也沒有納入行業管理，是由歐亞旅運社經營，後來由華航投資經營，分別在松山

及高雄小港機場內蓋簡易的保稅倉庫。也因當時台灣本島的鐵公路都不發達，台北與高雄有城鄉差距，距離又遠，連高雄要的報紙也是在台北印刷後空運高雄，更不用說外島的金門、澎湖。後來國內航空貨運的需求日漸增加，國際航空貨運也逐漸興起，只有一家業者經營航空貨物倉儲，其獲利之豐可想而知。

當時的民航局看到了這塊一本萬利的生意，為了充裕民航作業基金與顧及航空安全，將在機場內的民營航空貨運倉庫收歸民航局，並設置「台北航空貨運站」（Taipei Air Cargo Terminal, TACT）統一經營管理，提供台北及高雄兩國際機場航空貨物的倉儲管理，該貨運站於1979年2月26日與桃園國際航空站同時搬遷到桃園國際機場。1980～90年代由於台灣加工出口的產品如紡織、塑膠類產品暴增，而紡織品又有配額（quota）期限，每到年底——配額到期前，在桃園國際機場等待裝機的出口貨物滿坑滿谷，政府有感於在機場內只有一座航空貨運站是不能應付的，乃允許由民間在機場附近投資設置航空貨運倉庫（機場內還是維持公家獨占）。相繼蓋了永儲與遠翔兩家保稅倉庫，並派駐有海關就地辦理進出口貨物、一般貨物（乾貨）的通關，以保稅卡車（bonded truck）押送於機場倉庫與機場外倉庫間，紓解當時桃園機場貨運站的擁擠。

公家經營的事業常因規定太多，綁手綁腳，很多地方施展不開，尤其是人事及財務。台灣的國際航空貨運倉儲業務最後也開放民營，於2000年將公營的台北航空貨運站（TACT）採取BOT（build operate transfer）的方式招標，引進民間企業，由華航另成立的華儲公司得標，就地繼續經營桃園及高雄的航空貨運倉儲業務。另外，也開放在桃園機場內緊鄰原有貨運站的空地，也以BOT方式招標，由長榮航空另成立長榮空運倉儲公司得標，在緊鄰華儲的地方另外興建一座半自動化全新的貨運倉庫，於2002年5月正式運營。迄今在桃園機場內有兩座貨運站，連同在機場附近的兩座機場外貨運站，共有四座貨運站可以處理進出桃園機場的貨物。整體倉容量增加之際，巧逢全球的航空貨運量逐漸減少，真是生不逢時。又有由政府先投資

加建連結機場管制區內特殊通道的自由貿易港區,也採用BOT的方式引進廠商遠雄航空自由貿易港區公司,也視同機場管制區內的貨運站,也可以處理所有一般空運進出口貨物,使得桃園機場的貨運倉儲能量大增。

機場內寸土寸金,不能例外

不只飛機維修廠要蓋在機場內,存放航空貨物與免稅物品的倉庫最好也能在機場內。可是台灣的機場內沒有那麼多的土地。在台灣與美國還未斷絕正式外交關係之前,美國飛航台灣的航空公司認為華航在美國的機場都蓋有自己的倉庫,基於平等互惠原則,曾多次透過外交關係要求台灣出租桃園機場內的土地,以便給予蓋貨運倉庫及免稅商品的保稅倉庫,可是台灣以幅員不比美國,並未給任何國外的航空公司土地而拒絕美方的要求。

管制區內外差很大

機場管制區內的航空貨運倉庫與機場外的航空貨運倉庫最大的差別在於貨物的裝機與卸機。在機場管制區內的出口貨物方便通關,且就近直接裝上飛機,有關活生動物等機放及快遞貨物,也必須在機場管制區內的貨運站辦理通關。暫存在機場外倉庫的出口貨物,報完海關手續後要先用保稅卡車押運到機場交接區辦理交接後裝機,也只能辦理進口乾貨的通關,兩者差很大。

✈ 機放貨物

機放貨物全名為機邊驗放(plane-side release)貨物,有進口與出口機放之分,顧名思義是即卸、即驗、即放,馬上處理的貨物。因為台灣早期對出口航空貨物怕裡面裝有定時炸彈,為了飛機的安全,考慮當時的定時裝置技術最久只能設定二十四小時,乃規定出口一般乾貨要在機場貨運倉庫存倉滿二十四小時以後才可以裝機,但農漁水產等容易腐爛的貨物(如果放在倉庫二十四小時會壞掉)除外,允許可以實施即驗即放,用這種方式通關的貨物海關稱之為機放貨物。這樣的措施,會被認為好像在機場倉庫爆炸事小,還好施行多年後取消,否則影響貨物交飛機載運的本意,也阻礙機場貨運倉庫的流通。

✈ 航空快遞貨物

　　航空快遞是工商業發達以後的產物，是從航空專差（courier）演變而來。所謂航空專差是由專人買張機票，以乘客的身分託運很多行李（物品），甚至不惜付給航空公司很貴的行李超重費，只要能讓「行李」同一個航班到達（按：如以貨運交運手續比行李託運繁雜，而且要報關，費時費事）。

　　台灣早期沒有快遞的行業，所以也還沒有法規來管理，更不會在機場的貨運站設有快遞貨物專區專門處理，所有專差快遞的「行李」都由專差在機場客運大廈的航空公司出境櫃檯辦理。由於工商需求越來越殷切，專差快遞的託運「行李」幾乎擠爆了航空公司櫃檯，造成一般旅客的不方便，也有損機場形象。也因當時快遞貨物剛起步，政府法規因應不及，有些航空公司不但沒有阻止，乾脆在桃園機場客運大廈的櫃檯，自行開闢所謂快遞貨物專用櫃檯，蔚為風潮，群起仿效。當時在台灣的業界還把這種專差快遞貨物稱為「牛貨」。

　　由於快遞貨物有增無減，長期占用旅客出境大廳，有礙觀瞻，加上外國的航空快遞公司如美商UPS、FedEx及歐洲的DHL、OCS等快遞公司也來勢洶洶，迫使台灣政府有感於不趕快解決不行，乃決定在機場貨運通關倉庫（貨運站）內設置快遞貨物專區，專門處理快遞貨物，並對快遞貨物訂出條件，澈底一次解決桃園航空站「牛貨」為患的問題。不但贏得外商的讚揚，也乾淨了機場出境大廳的環境，還給機場出境大廳原來的面貌。

　　有了「空運快遞貨物通關辦法」出爐，專差攜帶的「牛貨」就消失了。依照該辦法第6條規定，快遞貨物，應為「非屬關稅法規定不得進口之物品、管制品、侵害智慧財產權物品、生鮮農漁畜產品、活動植物、保育類野生動植物及其產製品」，每件毛重在70公斤以下的貨物（專差攜帶者每一件的重量為32公斤以下）。這個辦法出爐的時間剛好是台灣進口LV皮

航空快遞貨物裝卸作業

包供不應求的時候，商家為了快速供應，幾乎都是用航空快遞運送，雖然有點誇張，但由於快遞業者都與海關連線，以電子傳輸方式通關，貨物幾乎隨到隨放行，業務一直蓬勃發展。詳細規定請參考「空運快遞貨物通關辦法」。

無論飛機速度有多快，要做到門對門的服務，必須要有陸上（卡車）運輸的配合。在歐美大都是快遞公司自己提供含送貨及收貨到家的一條龍服務，也有些大的快遞公司本身擁有飛機，不但運送自己的貨物，也與其他貨運航空公司一樣，不只載運快遞貨物，也承運其他貨物；在亞洲則是由陸上的快遞承攬業者主導，一般航空公司及一般陸上卡車都只是快遞業者合作的一環。陸上的快遞業者又與二十四小時營業的超商結合，以超商為其收集貨物的地點，加上又有網路購物送貨的加持，使得快遞業的生意扶搖直上。

第五節　機場收費

　　機場投資很大，對使用者收取費用是理所當然，如何收費？收什麼費？怎麼收才會提高機場的使用率？都是機場當局思考的問題。基本上，機場的收費標準都會參考鄰近國家機場的標準，同型機在同一時間內都是一樣的標準。

　　飛機的降落費是機場最大的收入來源，一般都以飛機的最大起飛重量來分級收取。除了降落費外還有停留費、夜航費、滯留費、候機室使用費、地勤設備使用費、空橋使用費及安全服務費等。這些收費標準除非修改，否則很少變動，缺乏彈性，甚至不論在繁忙時段或是離峰時刻的收費標準都是一樣的。如果為避免航機起降過度集中，機場當局採取時間帶的管制是應有的做法，但不是最好、最有效的方法，如果能思考除了採取時間帶的管理外，再用降低離峰的收費標準來鼓勵航空公司多加利用，或提高尖峰時段的收費來減少航空公司使用的兩案並行，也許可以舒緩機場的擁擠。

　　再者，因為一個航班架次，不論航機的大小，對於飛機進場的引導與停機位置的分配工作差異不大，所以讓國際／長程航線所使用的大飛機停靠樞紐繁忙的機場，短程國內航機使用小型／支線機場，所謂大貓鑽大洞，小貓鑽小洞，或許也可以有效地使用機場整體資源。

第六節　機場經營

　　由於機場投資資金龐大，土地的取得也是問題，所以世界上大多數的機場都由政府投資興建，也由政府來經營管理。專責機場的興建及經營成立的機場公團，也是國營。在美國，所有民用機場的跑道都是由美國聯邦

航空總署（FAA）來認證（certify），由當地機場當局負責管理維護。雖然美國不願將機場私有化，但這種由政府所有、外包管理的模式，仍是世界大多民用機場的標準管理營運模式。

✈ 台灣機場的經營型態與演變

台灣所有的民用機場到現在都還是國有國營（詳見「民用航空法」第28條）。像樣的國際機場應該是於1979年2月26日啓用的桃園國際機場。其面積大致與日本東京成田機場相當，啓用時間也相近。當時吸引不少亞洲地區如新加坡、香港、南韓、日本等國的機場人士來台觀摩，風光一時。從此以後，原有的台北松山機場變爲桃園國際機場的備用國際機場，直到2008年開放爲兩岸航線的通航點後，才又恢復爲國際機場，目前與高雄國際機場同爲國營的國際航空站。

其他如台中、台南、台東、花蓮等機場，雖偶爾穿插一些兩岸或日本、香港航線，但仍然都以國內航線爲主。如果以機場分布密度來說，台灣地區（含外島）算是很密了，各機場之間的距離也非常短。台灣本島從高速鐵路開始營運以後，西部原有的松山／高雄、松山／台南、松山／嘉義、松山／台中等航線，都一一停航。目前只剩下高速鐵路到不了的澎湖、金門、馬祖—台灣本島之間的飛航及台灣東部航線，還有恆春機場，如果沒有兩岸航線的支撐，不用說是機場，連航空公司的維持可能會有難度。

台灣爲提升各機場的國際競爭力，於2009年頒布「國營國際機場園區股份有限公司設置條例」，選擇原來由政府經營也最賺錢的桃園國際航空站於2010年11月1日先股份化，並改制爲國營桃園國際機場股份有限公司，是100%由政府投資的公司，也比照股份有限公司設置有董事會、董事長及總經理，並將比較有公家機關味道的單位主管名稱略爲改變，如過去所稱的航空站主任改稱總經理。其餘都照收該航空站原有的「公職」人員，當

然也加了一些企業基本的功能，將公家機關比較僵硬的用人及財物制度稍作改變，不強調用人的資格，唯才是用。幾年來的經營下，在硬體上已給人有煥然一新的感覺。不過如果桃園國際機場公司能再從股份化改變為真正的民營化，其成果可能更好。至於台灣其他的軍民合用的機場，是否要比照實施，可能也是要探討的課題。

第七節　機場與轉運中心

　　國際機場也好，國際港口也好，都是一個國家的重要門戶之一。機場是提供飛機的起降，港口是提供船舶的進出。基本上是各自獨立運作，各顯所長，沒有衝突，在美國甚至機場和港口同屬一個機關來管理，如西雅圖機場（Sea-Tac International Airport）。

　　每座機場經營者都想成為樞紐（hub center）來提高機場的地位，但是一個樞紐機場是不可能一蹴可幾，不是也沒有必要每一個機場都能或都要成為樞紐地位，再者，樞紐的功能也有大有小，有區域性也有洲際性的。政府或機場的經營者都會事先審視各機場的條件，訂好各個機場不同的功能定位，根據既有的功能定位去努力達成就好，因為不是每一個機場都能成為轉運中心。如此，不但不會造成投資的浪費，也比較容易達到想要的目標。可惜的是，有許多機場單位都想當第一，不甘願被定位為區域性的小機場。

　　能成為國際樞紐機場與否，最要緊是機場所在國的國際化程度，而其國際化的程度取決於該國的國際政治地位與經濟的發展，也要歸功於其基地航空公司的努力。如國泰航空公司在香港國際機場、德國漢莎航空公司在法蘭克福機場、新加坡航空公司在樟宜機場等，都是花好長的時間用心經營的結果，而且一直發展，從未休止。其他如紐約、洛杉磯、芝加哥、倫敦、巴黎、曼谷、吉隆坡、北京、上海、東京、仁川等，都是目前的國際樞紐機場。

Chapter 12

機場地面勤務服務

第一節　機場地面勤務服務的範疇與重要性

　　早期的飛機小酬載量少，有時候飛行員還可以兼做地勤工作，不覺得機場的地勤工作重要。可是現在不行，除了客觀上的不行外，主要是飛機變大又變高了。演變成航空運輸的各項工作都要專業，必須由各專業領域的人來分工合作。機場地勤服務公司是航空公司在運行上不可缺少的工作夥伴，也是在機場具有獨占或半獨占的事業。

✈ 地勤服務停擺，機場變停機場

　　現代化的大飛機，如果機場不提供梯子，客人是無法上下飛機的；飛機腹艙的行李與貨物，如果沒有工具（如輸送帶、升降梯）也是無法裝卸的。地勤與空勤一樣重要，所以不要小看機場空側的工作人員，他們一罷工，機場很可能就會癱瘓，因為一架飛機在起飛前和落地後的機場工作繁多，例如：上下旅客的空橋或扶梯車的安排、行李貨物的裝卸、航機的引導與後推、機艙清潔、加油、機上餐飲物品。其他如飛機檢修、接駁車的安排、航務／航管的申請、飛機載重平衡的計算、輪椅旅客的安排等，雖有些項目是航空公司的工作，但也都屬於機場的地勤服務範圍，航空公司的人員都清楚。

　　機場的地面服務又稱之為機場地勤服務，業務有機場空側（air side）與陸側（land side），都是要經過特別准許才可以經營的特許行業，是要另外繳交機場特許營業費的事業。大部分的國家將機場航站樓的空側與陸側的業務視為一個地勤服務業務，只給一張地勤業執照，由一家公司承作。即機場地勤公司連航空公司的旅客報到劃位、送機與接機及航務作業都一手包辦，與台灣不同。且世界各地的國際機場通常會有兩家以上的地勤公

司，雖然各有各的客戶，各有各的地盤，彼此的競爭是良性的，服務品質
會因競爭而提升，收費也會合理。

第二節　台灣機場的地勤服務特質

　　依台灣民航法規稱航空地勤服務為「航空站地勤業」，是指於機坪內
從事航空器拖曳、導引、行李、貨物、餐點裝卸、機艙清潔、空橋操作及
其他有關勞務之事業。1979年台灣桃園機場啟用之前，所有（國際）機場
空側的地勤業務除了法規允許航空公司做自己本身的航班外，其他所有機
場空側的地勤工作，都要交給唯一的一家——台灣航勤服務公司承作。

　　雖然在桃園機場啟用時，已另由政府與中華航空公司以49%：51%合資
成立另一家以民營姿態出現的桃園機場航勤股份有限公司，來獨家經營在
桃園國際機場所有機場空側的地面勤務業務，表面看來台灣已經有兩家地
勤公司，沒有獨占，可是仍各有各的地盤，一個機場仍然只有一家地勤公
司，脫離不了獨家的陰影。也因為獨家服務有其缺點，難以滿足所有航空
公司的需要，因而有航空公司紛紛要求自辦。後來政府也從善如流，制定
法規放鬆地勤業務的保護。

　　另外，只有一家地勤公司獨占機場地勤業務也會遭質疑。在台灣大力
拓展國際航線，爭取外國航空公司來台之際，也因桃園國際機場只有一家
地勤公司，不但收費缺乏競爭性，服務品質也很難提升，讓來台的外國航
空公司別無選擇，而外國的國際機場都不只一家地勤公司，讓台灣的航空
公司有選擇的機會，導致台灣在與外國談判航權時，就曾經發生被對手國
要求，台灣方面去飛航的航空公司也只能將地勤服務業務委託由該國政府
指定的地勤公司承作，自己不能選擇的情形。

　　有鑑於此，台灣也慢慢思考，從只准辦理自己公司航班的地勤公司，
擴充到可以代理有合作的外國航空公司來台的航班，再加上來自外國航空

公司的壓力,最後才改變了獨家局面,如今台灣的國際機場如桃園、高雄已經都有兩家的地勤服務公司可供選擇。

✈ 台灣的機場地勤公司只能承攬機場空側地勤業務?

但在台灣的機場地勤公司的業務與國外不同,台灣的只能承作機場空側的地勤業務,陸側如旅客的報到劃位是由航空公司自辦。桃園機場現有的兩家地勤公司,先是由華航與政府合資以民營姿態出現的桃園航勤公司,後來才有長榮集團與外資合資的長榮航勤公司,不再只有一家獨自經營。一個機場有了兩家競爭以後,不會像以前只有一家難溝通,管理機場的單位/公司也比較有籌碼把機場的整體服務做好。

因為機場地勤的工作的好壞會直接影響到航空公司的服務績效,所以不少航班多的航空公司自始都想自己辦理,飛航台灣的國泰及聯合航空爭取多年後,如今都已經自辦,華航因為已與官方合組桃園航勤公司,也有與他航成立的台灣航勤公司,肥水不會流到外人田,所以不需要申請自辦,長榮航空在航班逐漸增多的情況下,先申請只有能辦理長榮航空本身的航班,後來才正式成立航空站地勤業的公司,除了承作長榮航空的航班外,也已承做外航來台的業務。

未搞清楚狀況還教訓旅客!

某航空公司因為飛機調度的關係,換了沒有商務艙的飛機,航空公司的地勤人員竟然沒有對商務艙的客人說抱歉,還告訴客人:這次航班全是經濟艙,如果要搭乘,要另外買票。明明該公司已經對不起客人,應該要有其他解決的方法。反觀同樣的情形發生在另外一家航空公司,他們的處理情況則截然不同,櫃檯職員在客人出現時,不只馬上說抱歉,還告訴客人如果要搭乘這航班,不但會退還差額,還會給予200元美金的抵價券作為補償。

第三節　國際機場的CIQ與運／航務作業

一、國際機場的CIQ

所謂「國際機場」，顧名思義就是有處理人員及貨物進／出國境功能的機場，這些功能就是由海關（customs）、移民（immigration）和檢疫（quarantine）共同執行，即所謂的CIQ，都是政府的公權力。茲介紹如下：

(一)海關

海關是一個國家給予在口岸／邊境執行進出國境貨物／行李的檢查／放行的公權力執行單位，各國政府都賦予高度的權力，也因為權限太大，早期曾經發生不法行為，引起各國政府的關注。在台灣也發生整條船的集體大走私案件，轟動全省。至於海關官員個人的貪圖小利的風氣，到今天仍然無法完全遏阻，越落後或政治越不穩定的國家，不法案件越明顯。

早期還沒有X光偵測儀器，對行李的通關是一件件查驗的，對貨物雖然不是每件檢查，但是抽檢的比率也很高。檢查合格後才可以進或出。負責此一關卡的政府機關稱為海關，此關一過，海闊天空。所以在口岸的檢查工作為海關馬首是瞻，但海關也是眾矢之的。其實海關最重要的執掌在關稅與走私的查緝，其他如負責護照的移民工作、負責傳染病及動植物的檢疫工作等，雖都另有專責單位負責，但海關是把守放行與否的最後關卡，所以一般人都將進出國境的程序統稱為「過海關」，甚至有些案件明明是其他單位查獲而非海關，媒體還是都報導「海關」查獲的。

航空運輸講求快速，但飛機再快也沒有用，也要其他相關單位的配合，否則很難達到航空快速的目的，你急他不急，甚至有少數國家還會有

登機前要先通過行李托運及證件檢驗

CIQ人員一律上正常班（白天班）的情形，航空公司航班的離到機場只好配合他們的上下班時間，否則無關可通（還好不是在台灣）。這對有心發展航空運輸業務的業者是相當不利的。

現代化的國際機場都有體認，各國的駐機場單位都會配合航班的離到時間來配置通關人力，以免延誤航班的準時及耽誤旅客的時間。國際航班的乘客進出國境都要過關，入境的隨身手提行李則與託運的行李一起通關。入境的託運行李在還沒有送到提領區以前，實際上已經通過X光探測儀檢測沒有問題才送到提領區，但通過海關時海關仍保留有檢查權，不是走綠色通道就可以一路綠燈。出境的託運行李則在辦理託運時已經透過X光探測儀器檢查。國際的進出口貨物則要在機場的貨運區通關。

✈ 此關一過海闊天空

在二、三十年前，甚至更早期，在未開發或剛開發國家對進出旅客不

但要求填寫至少一式兩份的海關申報單，沒有複寫，紙張質量又差，還要一份一份填寫，又有外匯管制，所帶的外幣都要一五一十地填寫，非常辛苦。但是如果護照內夾放美鈔就萬無一失，通行無阻。也有海關在檢查行李時會扣留其中的東西，據為己有。目前這種不正常的行為都早已消除。

　　也有通關不要錢的國家，只是進出關的表格更改太頻繁，連航空公司為了加速乘客到達的通關，提早在飛機上先發給乘客填的入境表格都來不及更新，導致乘客在抵達時，忙著填寫新的入境報單，延遲了通關時間，航空公司的美意給打了折扣，也提醒航空公司不能大意。

　　時代在進步，進出海關不但不見塞錢的風氣，也有國家已經取消填寫入境海關申報單（但都會告知旅客如有違禁品要誠實申報），在入出境的關口分設有綠燈（無申報物品）及紅燈（有申報物品），供旅客「選用」。

　　如果旅客有不隨所搭的航班一起過來的行李（通稱為後送行李），此種後送行李的通關就沒有那麼方便了，要到行李存放的貨運站（機場的保稅倉庫）去報關提領，沒有隨機行李的通關來得方便快速，因此，我們建議後送行李最好還是花點錢請報關行辦理。

　　攜帶或走私毒品是嚴重的犯罪行為，違者會被判死刑或終身監禁等重刑。如果是自己販毒，罪有應得，如果是被栽贓則會被認定是毒梟，會遺憾終身，所以出國旅遊千萬要看好自己的行李，對毒品絕對要小心警覺，因為毒梟無所不在，會趁旅客不注意調換跟你一模一樣的手提行李，或把毒品塞入你的行李，更可怕的是當場求你幫忙帶東西，說是親人重病急著要吃的藥，來博取同情，奉勸大家不能心軟，絕不能接受。這種人可能會是與你同航班的乘客，也可能根本不是搭機的人。所以在繁忙的機場會常常廣播提醒客人行李不要離身，在航站樓也會碰到穿制服的安全人員問你行李是否隨時不離身，如果我們遇上詢問的時候不要嫌他們囉唆。

後送行李

行李與貨物不同，行李與搭機的旅客有關，原則上要與乘客同一航班載運，不論是乘客隨身攜帶（乘客手提上機）或是託運（由航空公司放到飛機肚子的行李艙），都是跟乘客同一個航班到達。而「後送行李」顯然是不跟旅客同一航班裝運，而是由以後的航班運來，但是旅客要有搭機的事實。後送行李的通關是在貨運區，與貨物一樣的報關手續。

(二)移民

移民的工作是對人進出國境的查驗，主要防止非法入境或非法偷渡出境。台灣在尚未改由移民署負責之前，稱這種工作為證照查驗，由航空警察單位來執行。移民的工作最困難的是辨別護照的真假、護照持有人的真假以及簽證是否有效。所謂的「人蛇集團」的行徑，至今仍無法消滅。最讓航空公司頭痛的也是辨別護照的真假，這對具專業性的移民署而言都有些困難，遑論航空公司，惟航空公司若有疏失，除了免費載運回來之外，還須處以高額罰鍰（美國美金2,000／人，英國3,000英鎊／人），此種做法令航空公司深感無奈！

在開放台灣同胞返大陸探親初期，台灣同胞填寫入境卡內的國籍欄位是一個考驗，如何填寫？寫中華民國或台灣都不對，寫中國應該是最保險的。在尚未設有持台胞證來往兩岸的台胞專用邊防檢查通關櫃檯前，發現台胞有走中國公民的邊防（移民）查驗台的（人少又快速），也有走外國訪客查驗台的（會排長龍），莫衷一是。還好大家會告訴大家，久而久之，來往的台胞都已經知道走中國公民的移民查驗台了。

在澳門還沒有飛機通航時期（1999年回歸前），來往澳門旅客都搭渡輪，在澳門碼頭的通關通道對拿中華民國護照的旅客而言很容易混淆，碼頭邊防只有當地居民（Resident）、訪客（Visitor）及中國公民（China）三種櫃檯，持中華民國護照的旅客究竟要由何櫃檯查驗？就看運氣了。初期

走「訪客」櫃檯，後來只能走中國公民的櫃檯。到了有航空通航以後，才有明確的台胞通道。

有關機場的通關手續各國都在努力利用進步的電子設備來代替人工，台北松山機場國際航線及桃園國際機場均已增加啟用乘客的「臉部辨識系統」來加快通關速度，我們更期許能擴及到航空公司的報到劃位櫃檯，減少櫃檯人員的工作量，也同時快速紓解搭機旅客。

(三)檢疫

碰到稅的問題了不起付錢，但如果是國民健康檢疫的事情，就不是錢能解決的，我們見過入境來台的客人帶寵物狗隨行，健康檢疫單位為了預防寵物帶進來傳染病需要隔離檢疫，不同意客人馬上帶走而淚灑機場。

檢疫是保護國人健康的重要一環，與國人健康有關的，不外乎人所可能帶來的傳染疾病，以及進口物品的可能危害，如吃的水果、魚、肉等食物。活生動物的隔離檢疫絕對不能免。台灣在2003年的禽流感流行時期，機場的衛生檢疫單位加強對入境旅客體溫的篩檢，都是對流行病的預防與阻止。2014年發生於非洲的伊波拉病毒流行，也是機場衛生檢疫單位的重要工作。至於水果的進口，台灣與日本以及加拿大與美國先由兩國互派檢疫官員在出口國先行檢疫的做法值得推廣。

在2020年嚴重新冠肺炎（Covid-19）蔓延全球，機場的國境入境檢疫工作，就不同於過去，較2003年的禽流感有過之而無不及。在2020年期間，台灣中央疫情指揮中心要求民航局對機師、空服員等空勤組員及航空器簽派員修訂「航空器飛航作業管理規則」、「航空器飛航作業規則」及「航空人員體格檢查標準」與「國籍航空公司實施機組人員防疫健康管理措施作業原則」等（詳請參見本書第九章第六節）。

> ＊溫馨提示
>
> 航空業界的2本工具書，值得朋友們多去瞭解。
> 1.*ABC World Airways Guide*
> 2.*Official Airline Guide*

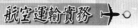

二、運務與航務作業

(一)運務作業

運務作業是航空公司在機場的重要業務之一,是與旅客最有直接關係的機場地勤工作,是航空公司所賣產品要履行/實踐的第一站,包括旅客與行李及貨物的運送,是航空公司依據運送契約履行責任與權利的開始。為了統一做法,各航空公司都頒布有運務的工作手冊(handling manual),作為員工的工作準則與訓練教材。為了節省篇幅,本書就略過,僅就搭乘飛機需要瞭解的一般常識,做以下的介紹。

✈ 機場的運/航務人員不一定是本航空公司的人員

國際機場是國家的門戶,機場是航空公司人員接觸到旅客的第一關,也是旅客對航空公司印象好壞最重要的地方,所以各航空公司都非常重視,但是機場的工作需要投入不少人力,而且是要有經驗的人力。航點那麼多,如果都是自己僱人處理,雖然服務品質比較能控制,相對地,成本勢必很高。所以航空公司只有在自己的主要基地會僱人來服務,在國外航點的第一線工作都會委託當地的航空公司或機場地面服務公司辦理,總公司只派駐主管監控而已。

航空公司機場運務的主要工作是客運(貨運也要處理,只是對象比較單純)。需面對旅客的部分有:辦理出境旅客劃位及託運行李、協助旅客通關登機、入境旅客的通關及行李提領、提供高等艙旅客的貴賓室服務及旅客旅遊資訊的提供等。不直接面對客人的工作如:安排航機停靠的停機位、餐點及侍應品的裝卸、加油、加水、航機的維修檢查、航機的拖引、航機的載重平衡、航機的接與送、異常情況的處理等。

　　航空客運運務的重要依據是機票，從前機票是紙本機票，大家用了很長時間，也都很習慣。近年來隨著電腦的發展，航空公司開發了無紙化的電子機票（E-ticket，在第六章曾提及），也就是說沒有機票在旅客手裡，而是存在航空公司的旅客電腦訂位紀錄裡，只要旅客在機場報到櫃檯出示護照，工作人員一輸入護照資料，旅客所有資料都在電腦裡面，很快的電腦就產出登機證，旅客就可以憑登機證及護照，進入管制區辦理安檢護照查驗等手續了，省事省時又方便。

　　但實施電子機票的初期，在有禁止送機的人進入出境報到大廳的機場（因為送機的親友太多──多到一人出國至少五人送行，會造成出境大廳的擁擠），機場管制口的人員一定要看到機票才准進入，但管制人員不知道航空公司已經使用電子機票，搭機的旅客根本看不到機票，也不可能有機票在手，送機親友無可奈何，但要搭機的旅客急著跳腳，差點爆發衝突，最後勞動航空公司的人出來解圍，算是使用無紙化電子機票初期所衍生的小插曲。

✈ 旅客報到劃位

　　航空公司的報到劃位櫃檯是要向機場公司租用的，機場工作人員，除了在總公司的基地機場外，都是以外包方式委託當地的地勤代理公司承作。代理公司的職員是穿代理公司的制服，不是穿被代理公司的制服，但是操作標準是一定按照被代理公司的標準作業。被代理公司為了節省人力成本，通常只派必要的幹部常駐，是穿自己航空公司的制服，所以如果在外地遇到困難，建議直接找穿航空公司制服的人員比較好。有些國外的代理公司並不在意這種生意，而且常常換不同的人員當班，對作業方式不是很清楚外，服務態度上有時不如航空公司本身，服務水準可見一斑。

　　有關機場航空公司報到櫃檯的分配，有採固定式與活動式兩種。固定式是按當時各家航空公司航班的多寡分配，縱使有短暫的空檔閒置，也不

會給別家公司用，造成資源的浪費。因此，大部分樞紐機場會改採大家都可使用的活動式分配（common use terminal equipment, CUTE），即原則上航空公司有其固定的報到櫃檯使用，但只在該公司有航班時使用，沒有航班的時段，機場單位可能會分配給該公司代理的航空公司或其他的航空公司使用。如此機場的報到劃位櫃檯才可以物盡其用，不會產生有的櫃檯擁擠，有的櫃檯閒置著的情形。

一般而言，各家航空公司為了分流，劃位櫃檯會有等級之分，高艙等的旅客可使用高艙等的櫃檯（人少又有地毯），更有航空公司為了吸引其最高艙等的旅客，不惜重資，設立有如貴賓室的迎賓報到中心，對有資格的貴賓一進去就有人過來招呼，提供咖啡或茶水，也有人來取你的護照和行李，不必在外面櫃檯「站」著辦理報到手續。對團體的旅客，因為有旅行社的領隊，比較單純，航空公司會設有專屬的櫃檯辦理。

為了舒緩機場客運大廈的擁擠情況，航空公司拜網路發達之賜，已經積極倡導訂位報到使用網路系統，如APP或設在機場的旅客自動報到劃位

旅客自動報到劃位系統（KIOSK）

圖片來源：長榮航空提供

系統，我們稱之爲KIOSK，非常方便，建議旅客多加利用，航空公司並多加宣導。

✈ 美國航線單件行李不要超過76磅（約32公斤）

航空公司對於旅客託運行李的免費限制是有其必要的，一是爲了飛安，一是爲了公平。有些航線如美國航線，規定每一乘客只能託運兩件免費行李，每件的長寬高尺寸加總以62吋（158公分）、重量以76磅（32公斤）爲限，這種做法是航空公司應美方機場地勤公司的要求，考慮其搬運行李人員的體力負荷而訂，所以，超出的部分也不允許付錢了事，硬是要取下。有關各航空公司免費託運行李的重量會因艙等與航線的不同而有差異，詳情可上網查詢。

行李依機位艙等不同而有不同的重量限制

其實一般超重的行李（一張經濟艙機票免費的託運行李是20公斤）只要付錢都可以託運。很多人都把超重要付的運費稱之為罰款，其實應稱為行李超重費（excess weight baggage）。例如只有20公斤的免費託運行李重量，超過20公斤的部分要按每公斤重量計收運費，不便宜。但是規定是規定，航空公司也講人情，只要大家相互尊重，不要超過太多（約5公斤以內），工作人員都會放行的，如果超過5公斤，航空公司也會少收一點，希望旅客下一次繼續搭乘。

> ※ 運務小參考
>
> 在機場會看到英文的transit/transfer，在中文都叫轉機，英文就有差異，transit是下機（休息，飛機中停加油、上下客）後還是再上原來所搭的那一航班的飛機；而transfer是下了飛機後去改搭另一航班的飛機（可能同公司，也可能不同公司）。

✈ 如何順暢登機？

另外值得一提的是登機的順序安排。在只有一個登機門或是大飛機的航班，航空公司應該安排後座的乘客先行登機，一方面不會讓後座的乘客被先上機的前座乘客擋住，另一方面也可以避免引誘後面經濟艙的乘客，因看見商務艙的位子比較寬而且還有空位就坐下來，不但不理會空服員加錢的要求，還嗆空服員說：「反正位子空也是空著，我不要吃這裡的餐，請你把我經濟艙應該有的餐送來就好。」

(二)航務作業

航空公司的航務作業主要有以下幾種：

航空公司的機場航務人員，要與機場塔台保持密切的聯繫，尤其是在起降繁忙有流量管制的機場，更要維持良好的互動關係，才能掌握正確的第一手訊息，才不會發生明明飛機已經提早降落，而機場航站樓的航班動態看板仍然是按原來的航班時刻顯示（未到）的糗事。此外，有良好的塔

台關係，在必要時，可請塔台幫忙安排你的航班先後推（大飛機可以準備起飛時都要先後推，塔台准許後推，就表示航機可以進入排隊行列，準備起飛）。所以我們認為航空公司派在機場的工作人員，除了一般的CIQS（S指security，安全檢查及航空保安）工作外，還須維繫好與機場塔台的關係。

✈ 載重平衡／乘客也要秤重嗎？

運輸載具都有重心，飛機的重心比輪船更來得重要，因為空氣的浮力不如水的浮力，所以飛機的裝載格外要注意重心的位子，裝載後的重心是不可以移動的，所以行李、貨物都要固定好，以防重心因起飛、降落、轉彎等動作而偏離。當然人偶爾在飛行中的航機上短暫走動（如上洗手間），對航機重心的影響是有限的。

航機的載重平衡攸關飛航安全，載重平衡的計算時機是在飛機上完客人（在亞洲，平均每人的重量含隨身手提行李是75公斤／人）、行李、貨物、加好油、上好餐飲與侍應品等的時候，這也是為什麼航空公司對於託運行李與貨物重量的準確性非常關注，因為與計算載重平衡有關。拜科技的發展，有關載重平衡的計算都已經電腦化，只要輸入所需的各項資料，電腦立刻就算出來，所以資料的正確是非常重要的。

✈ 航機與飛行員的簽派

航空簽派員是航務業務的重要人員，他們要提供飛行員所要飛行航路的氣象及特別要注意的事項，也要注意飛行員的身體狀況（如酒測）。同時，由於國際性的航空公司，幾乎二十四小時都有航機在天空中飛航，對於每一個航班的情況都要有所掌握，有異常也可以事先作準備因應。拜通訊與電腦的發達，目前航空公司對於航機的動態，都設計了電腦程式，將

所有資料都輸入電腦，管理者只要用一部電腦就可以一目瞭然地掌握公司所有航機的動態。

機場單位的工作也很繁複，機場的地面管制（尤其是空側的管理）是機場管理單位或公司最重要的航務業務，除了由塔台負責飛機的起飛和降落以外，其餘包括跑道、滑行道、停機坪的每日檢查（尤其是道面上雜物的清除）、除雪車（寒帶機場才要）、割草機、鳥類的驅趕（會有覓食的鳥類，造成飛機的鳥擊損害），以及在機場管制區內使用的各種車輛的場內交通指揮與違規查緝，都是機場管理單位的職責。因為機場管制區內的車輛都只能在規定的區域活動以及停放，其行駛的速度也都有嚴格的限制。在比較複雜或是強迫領港的機場，對於降落的航機離開跑道後，會派引導車（follow-me vehicle）引導到停機位置。

為了讓航機能有序且安全地活動於跑道與停機坪之間，地面管制員要隨時與機場塔台管制員保持密切的聯繫，掌握飛機在跑道起飛及降落的時間。此外，地面管制也負責通知飛行員使用哪條跑道，當飛機準備起飛時，會先停在跑道的起點，這時由塔台管制接手，告訴飛行員起飛的時機。飛機降落並離開跑道後，由地面控制接手。

第四節　機場貴賓室

由於搭飛機涉及飛航安全，不比搭汽車或火車有了票就可以馬上搭乘，要先劃位再經過安全檢查，國際航線還要經過護照的查驗等手續，所花的時間比較多，又因為飛機是最快速的運輸工具，也是當今達官富豪的交通工具，所以機場要有貴賓室供其進出時的短暫休息之用。對於國賓，有專供國賓使用的國賓室，對於政府要員或高艙等的旅客（如頭等艙、商務艙及航空公司的常客），航空公司也會提供貴賓室（有稱「要客室」）給予使用，而貴賓室又有因機票艙等的不同，有頭等艙與商務／公務艙之分。

機場貴賓室入口

圖片來源：https://finduheart.com/。

　　國賓室也好，貴賓室也好，不是機場單位投資就是航空公司或是航空公司與機場單位共同投資興建的。至於經營方面，有投資者自己經營，也有委託經營的。對於貴賓，航空公司也會提供專用的報到劃位櫃檯、專用的休息室、優先的登機與行李的服務等。這些貴賓服務的工作由承運的航空公司直接提供，也有付費委託貴賓室經營者提供服務的，不論是用何種方式，都是有成本的。航空公司自己的貴賓室，成本自己吸收，不是自己的貴賓室則由委託的航空公司支付費用給貴賓室所屬的公司。有關委託費用的計收方式有兩種，一是按一航班計收，一是按人頭計收。航空公司在旅客劃位發給登機證的同時發給貴賓室邀請卡，不會當場向旅客收費，貴賓室使用費是搭乘的航空公司負擔的，只是使用的旅客可能不知道而已。

✈ 使用機場貴賓室是要收費的

經常使用機場貴賓室的旅客可能會發現，全世界國際機場的貴賓室服務內容（尤其是吃的）優劣差距很大，但收取的費用相差不多，因為成本考慮，沒有一家航空公司會在有飛航的機場都設有自己的貴賓室，而會將客人委請當地機場的貴賓室經營業者（大部分也是航空公司）代為接待，反之，在機場設有貴賓室的航空公司也會接受同業的委託，收取費用提供服務，業務上都相互關聯，費用大致一致。

簡而言之，就是機場貴賓室是要開在機場管制隔離區內，也是出境的旅客都已經辦好出國的所有手續，可以安心等候登機的地點。機場貴賓室也是寡占的行業，但航空公司之間都是同業，都會給合理的利潤，又何況有很多都是相互代理（如A公司在台北代理外國B公司來台北的一切業務），貴賓室當然會相互使用，有錢大家賺。客人的心態是：反正錢又不需要自己付（有高艙等的航空公司招待的，有信用卡的聯盟的），不吃白不吃，好壞只會嘴巴說說而已。

航空公司的航點很多，不可能所有航點的貴賓室都是自己投資經營，絕大部分都是委託機場當地已有的貴賓室經營者代為接待，再按每一個客人付費或依航班付費。如果機場當地有兩家以上貴賓室業者，因為有競爭關係，可以選擇比較好的貴賓室，如果是僅此一家別無分號，航空公司只有認了，不要指望會有好的服務，就算收的價格是按一般行情，所提供的物品會有天地之差，客人不會抱怨當地的機場貴賓室，因為常客都知道只有向航空公司反應比較有效。航空公司有時候也很無奈，給錢還要去拜託人家改善，碰到不改善的，也只有自認倒楣了。

✈設置方式：過去的台灣

　　機場的貴賓室有機場公司自己設置管理的，有由機場公司與其他（航空）公司合資經營的，有航空公司自己設置經營，也有由非營利法人設置委託管理的（松山機場恢復國際航線起降以後，由於航站樓面積相當有限，機場管理單位收回各航空公司原有的貴賓室，將貴賓室改設集中於管制區內，由台北市航空運輸商業同業公會投資設置，由其委託經營管理）。

✈設置位置應在通關之後

　　1979年啓用的桃園國際機場（現在的第一航廈）的貴賓室是設置在出境大廳，在旅客辦理登機劃位之後，出境通關之前。這是個讓在貴賓室休息的旅客不能安心等候登機的位置，因爲旅客登機前還要辦理護照查驗與安全檢查等出國手續，這些都是需要時間而且有可能是要排長龍的。後來當局也發現貴賓室的位置是有不妥，才另闢設在通關後的地點。

Chapter 13

航空保安

 # 第一節　機場保安、安檢與預防

機場是提供飛機起降及旅客、貨物進出的場所，飛機是高科技的產物，可是飛機的結構沒有火車、汽車堅固，具有高度的可破壞性與國際敏感性。根據歷史資料，大的國際犯罪案件都是從飛機下手，而機場是犯案人最容易接近的地方，保安工作不可不慎。

一、安全管制

確保飛行安全應該可以說是人人有責。當然直接接觸飛機的保養維修工作人員、飛行員與機場的保安工作人員，更是責無旁貸。可是為什麼連一般搭飛機的乘客也要經過安全檢查？因為善良的乘客也可能會因為不知情而攜帶危害飛機安全的物品。又何況俗話說：「知人知面不知心」，負責機場安全的人員不能不防。

因此，要好好保護飛機，除了航空公司本身的保護作為外，機場是提供飛機停靠／放的場所，它的安全防護必須做到滴水不漏。所以在機場對人員及車輛有好幾道的管制。有些機場甚至會因為送出國的人數太多（通常會發生在開發中的國家，以前還會買花圈淚灑機場），造成機場辦理旅客報到劃位的出境大廳的擁擠，也會設關口來阻止非搭機人員進入機場的航空公司出境報到櫃檯，減少人為破壞的可能。凡此種種作為，其最終目的都是在保護飛機的安全。所以機場保安（safety and security）工作的第一步要從機場的安全管制做起。

機場本身的安全管制如果做好，基本上停在機場的飛機就不會遭到破壞，但機場單位是否百無一失？從歷史紀錄來看也未必，因為發生過有偷渡客先躲進飛機鼻輪（起落架）的空隙內準備非法出國的情事，《聯合晚

報》2014年1月6日報導,沙烏地阿拉伯警方2014年1月5日獲報,有人的屍體屍塊從空中掉落,警方仍在調查中。同時也報導,2010年一架從貝魯特機場飛去利雅德機場的A320飛機的起落架內有一具屍體。還有2014年4月22日,《自由時報》報導,4月20日有一名16歲少年躲藏在夏威夷航空767航機起落架,從美國聖荷西飛到夏威夷,奇蹟式活著。

　　以上事件的發生,在在顯示機場的安全管制工作不可以有絲毫的鬆懈,還好都只是要偷渡,並未蓄意破壞飛機,否則後果不堪設想。不過令人納悶的是——偷渡客是如何進入機場管制隔離區的?在台灣曾發生不該進入機場管制區的外人摸進機場停機坪,並啟動機場作業車輛的情事,也有閒雜人等進入機場管制區看飛機的情形,幸好都沒有造成傷害。至於牛、羊、狗、豬等動物進入機場管制區也時有耳聞,還好這些情況都已經引起相關單位的高度重視,並加強改善中。

✈案例會說話——偷渡與放置爆裂物

　　茲舉以下案例來說明:

1. 2013年3月27日,有三位沒有美國簽證的女偷渡客躲在韓亞航波音747-400型飛機的後艙組員休息夾層,超過三十幾個小時沒被發現,這架飛機先飛了仁川—香港—仁川,隔日又飛仁川—東京—仁川—洛杉磯。這三位偷渡客是到美國時被美國海關發現的。

2. 2012年10月22日,華航CI004台北飛舊金山,載了一名前一天搭乘

機場內有豬亂跑

在台灣養豬業發達的時期,常常有母豬或種豬空運進口,裝豬的籠子雖然是鐵條,但可能是長途在飛機貨艙的緣故,在「下機」等待通關時,竟然弄開豬籠欄杆,在桃園機場貨機坪亂跑,險象環生,為了顧及航機安全,機場單位趕緊動員抓豬,人豬大戰,其情景有如電影,好不熱鬧,一時傳為趣談。

CI504從上海飛台北的旅客，他喬裝成機上清潔人員，躲進組員休息室內的電子設備間，逃過清潔人員、組員及保安人員的檢查，被發現是持假護照又無機票的偷渡客。

3.1987年11月29日，大韓航空KE858波音707型機由阿布達比飛曼谷航班，北韓為了破壞南韓1988年的奧運，派特務在該航機旅客座椅上方的行李箱放置定時炸彈，特務中途轉機去巴林，放在行李廂的定時炸彈，依計畫於九小時後於阿達曼海上空爆炸，飛機全毀，無一人生還。

4.1986年4月2日，環球航空TW840羅馬飛雅典的波音727型機的座位上遭放置爆裂物，有四名乘客被吸出機外，飛機安全降落雅典。

每天在機場工作的單位很多，有機場的管理經營單位，有政府單位的海關、移民（以前台灣稱為證照查驗，大陸稱為邊檢）、衛生檢疫、安全單位，航空公司，報關及貨運業者，甚至免稅店等，都是要進入機場管制區工作的，所以在錄用前都會先做好靜態消極的所謂安全調查、良民調查，要沒有不良紀錄的良民才有可能錄用，但並不是所錄用的人都一定要進入管制隔離區，完全要看工作需要。

基本上，在機場的範圍內會分成管制區與非管制區（又稱隔離區與非隔離區）來管理。管制區如跑道、滑行道、停機坪、登機門、內候機室等。機場管制隔離區通行證的申請是由申請單位根據其員工工作上的需要，再經過安全調查後造冊送請機場發證單位製發。或許有少數人員覺得有了機場管制隔離區的工作證比較方便或比較威風，連不上班的時候也配戴（按規定只有上班必須配戴，丟了還要記過罰錢），甚至曾經發生過不是在機場工作的員工，也吵著要申請機場工作證的情形，困擾機場發證單位。

無論如何，要有機場證或是搭機的登機證才能進入管制區，是為了維護機場安全最基本的做法。但是不要因為有了機場管制隔離區的工作通行證，就通行無阻，還是要按照通行證的規範使用。更不可以認為有了乙機場的通行證，由甲地飛到乙地，再飛去丙地時，就在乙地機場下機直接走

停機坪去搭飛往丙地的另一架飛機，而不依照一般旅客的到站程序，先到達乙機場辦理報到後再與旅客一起登機，飛丙機場，這也是違規的行為。

二、安全檢查

從歷史紀錄來看，空難與航空工業的發達與否不能畫上等號，甚至可以認為科技越進步，蓄意的破壞越有可能。到今天為止，大空難發生的原因，嚴格說來都是人為居多。例如：1977年3月27日兩架波音747在北非西岸的卡納利群島的機場跑道相撞，共有583人罹難；1983年9月1日大韓航空誤入蘇聯庫頁島上空的禁航區，蘇聯空軍認為有警告在先，因警告不聽才被擊落，機上共有269人全部罹難；1994年4月26日中華航空CI-140次航班在名古屋的重飛失敗，飛機撞地墜毀，造成264人不幸罹難；1996年11月12日沙烏地航空與哈薩克航空在新德里上空相撞，造成249人不幸死亡等案件，好像都與人為有關。

前述大空難的發生應該都不是蓄意的，如果硬要說是人為的，也只不過是「疏失」，其情可憫。不過，歷史又告訴我們，民航機常常是非法犯罪者的目標，如果讓非法犯罪者得逞，災情一定很慘重，新聞一定是國際頭條，肯定會引起相關政府的重視，並採取必要的手段。

第一次蓄意的劫機（hijacking）是發生在1931年的秘魯，至今已發生約五十起劫機事件，有為政治需求，有為政治抱負，有為宗教，有為逃罪，也有為錢財等目的。到現在最大的案件是蓋達組織在2001年9月11日劫持客機衝撞紐約世界貿易大樓的自殺式恐怖攻擊事件，造成2,700多人死亡的慘劇，迄今餘悸猶存，當然這是一種預謀也是密謀。我們要說明的是乘客搭機的機場的保安工作是越來越困難，你在明處而犯罪者在暗處，雖道高一尺但魔高一丈防不勝防，但還是要防，因為乘客都是無辜的。

此外，還發生偷渡旅客找機會混進飛機艙內的航空人員休息間躲藏的情形（休息間是專門給駕駛員及空服員使用，非常隱密，一般乘客不會知

911恐怖攻擊前的紐約世界貿易大樓

圖片來源：長榮航空提供

道的地方），這些說明了機場單位的安全防護和航空公司的清艙還有改善的空間。

　　至於我們所看到的2021年阿富汗難民，在機場追著要上美國撤出阿富汗的一架正要起飛軍機的場景，就不是機場正常的運作，是戰爭的亂象。

　　由此可知，為什麼有託運行李的旅客突然不登機時，航空公司必須將已經裝入機艙的那位未登機旅客的託運行李取出，因為我們合理懷疑：旅客「不敢」與自己託運的行李搭乘同一航班，可能怕飛機爆炸連他也逃不過。「所以我們相信與託運行李搭同一架班機的客人應該不會有問題」。基於安全的理由，就算耽誤時間，航空公司都必須卸下該件行李（再進行詳細的檢查）。還有，託運行李的X光檢查是由檢查員透過電腦螢幕看的，

萬一專業不足或精神不集中，也可能會有疏忽。

三、危害的預防

✈911以後的人員安檢

為防止及制裁劫機者的國際公約有1944年的「芝加哥公約」；1963年簽訂的「航空器上所犯罪行及若干其他行為公約」，通稱為「東京公約」（Tokyo Convention）（確認劫機行為的管轄權及劫機發生時機長的權力）；1970年的「海牙公約」（Hague Convention）（制止非法劫持航空器）；1971的「蒙特婁公約」（Montreal Convention）（制止危害民航安全之違法行為）；1988年的「蒙特婁議定書」（Montreal Protocol）（遏止民用國際機場非法之暴力行為）等。

1970年IATA航空保安諮詢委員會成立；1971年ICAO出版《航空保安手冊》第一版；1978年由美國、加拿大、英國、法國、西德、日本及義大利在波昂簽訂反劫機宣言；1996年ICAO完成《航空保安手冊》第五版發行；1999年建立託運行李的安全檢查掃描（checked baggage screening）；2010年在北京召開的國際民航組織國際航空保安公約外交大會通過2010年「北京公約」及「北京議定書」，針對航空運輸業構成威脅的犯罪行為給予刑事認罪，以確保國際航空運輸的安全。以上主要是反恐怖的作為。

✈飛航安全人人有責

目前國際民航組織也把各國的空域（airspace）依情況的不同，分為A、B、C、D、E、F、G等七級，以決定飛航管制員如何去隔離航機，不同等級就有不同的要求。飛航管制有雷達管制、機場管制及無線電管制，

911以後各國機場的安檢工作更加嚴謹

飛行員除了遵守飛航規則外，為了確保航機與航機的安全間距，先進的飛機航空公司都加裝空中防撞系統（TCAS）及雙發動機延程飛行系統（Extended-range Twin-engine Operations, ETOPS）。

飛航安全要靠大家共同努力，機場的保安工作最為重要，不論是大家都不願意見到的蓄意的劫機，或是作業疏失所造成的傷害，都是對維護飛安的挑戰。

影響飛航安全的不只是可怕的恐怖行動，其他就算是非蓄意的臨時起意或是無知的行為，也都有可能危害航機安全，而且發現及阻止的最好時機就是在機場有人活動的時候。因此，機場的保安工作是馬虎不得的，不論是對物件、行李或是對人，均須十分嚴緊。機場管制區是絕對禁止非持有機場工作證或非搭乘飛機旅客進入的區域，有些機場對有機場通行證的機場工作人員的進出管制區也要經過安全檢查。對於旅客的行李不論是隨身或託運，都要經過X光的安全檢測，必要時還會要求打開檢查。

此種安檢措施在2001年911事件後更嚴格，除了經過X光機及金屬探

雙發動機延程飛行系統（ETOPS）

因為飛安的理由，已經禁止單發動機的飛機作商業載客之用，規定雙發動機的飛機雖然可以作商業載客之用，但在飛行的航路上，早期規定必須在六十分鐘內要有機場可以降落，以防萬一要緊急降落之用。後來又鑑於發動機性能的提升，廠商研發雙發動機延程飛行系統（ETOPS），有此認證以後，又可以延長為九十分鐘（廠商還在研發可更久的系統），讓航空公司可以節省飛行時間及少裝航油，但不影響航機的飛行安全。

測器檢查外，搜身已成家常便飯，有些機場還裝有全身看透透的儀器，以防有心人士攜帶有破壞性物品劫機；乘客亦不能攜帶液體以及任何能作爲武器的物品搭機。爲了保障飛安，對搭機的旅客所進行的檢查基本上沒有旅客會反對，但對長時間嚴格安檢所增加的時間及做法（如脫鞋子、皮帶等），可能會產生反感，尤其是執行人員的態度，常常爲人詬病。所以安全與便民有時是不可能兼得，但是安全第一，就要考驗主事者的智慧了。

第二節　航空保安法規與措施

　　國際民用航空組織（ICAO）在2010年11月17日對「國際民用航空公約」17號附件中之國際民用航空非法干擾之防制有再做修正，並於2011年7月1日生效。對於非法干擾行爲的定義解釋增加舉例項目，如非法劫持航空器，破壞使用中的航空器，利用使用中的航空器作爲致人死亡、重傷，或財產環境毀損。及要求航管服務提供者應建立並執行符合國家民航保安計畫之保安措施等更詳細的航空保安規定。

　　在台灣於2008年依據「民用航空法」第47條之5規定頒布「民用航空保安管理辦法」，對於非法干擾行爲、危安物品以及清艙、保安、安全等檢查都有詳細的規定，並要求在機場營運的機場公司、航空站、航空公司、航空站地勤業、空廚業、航空貨運承攬業、航空貨運倉儲業等業者，

The Practice of Air Transport Management

要提供民用航空保安計畫送相關單位。也根據「國家安全法施行細則」訂定「台灣地區民航機場安全檢查作業規定」，對出境、入境及境內航行之航空器及其載運之人員與物品，以及進出民航機場管制區人員車輛與物品實施檢查，給予政府公安單位提供執行的依據。亦即說明台灣有關機場的安全檢查與保安工作是由警察單位負責。目前由所在國的警察或公安單位負責機場的安全檢查及航空保安的國家，除了台灣以外還有中國大陸及越南，也有外包給專門的私人公司執行的。

✈航空公司應有自我安全管理的作為

運輸首重安全，飛機速度最快，萬一失事，災情一定也是最慘重。身為航空承運人，對於飛安的努力不應鬆懈，除了遵守民航運輸的法規規範外，航空公司也要發展自己的安全管理系統（safety management system, SMS），從最上面到下面的作業員都動起來。將公司的政策目標、核心價值、員工訓練、優質安全文化、風險分析、安全報告系統與訊息傳達、緊急事件的處理等都全面思考，並將與飛航安全相關的工作按其性質分成小組，用安全的角度融入公司整體管理體系，並設定各小組的目標，作為評估，定期檢討。期運用公司組織的力量凝聚安全意識，追求以安全為導向的經濟效益，創造優質的安全文化，體會「沒有安全就沒有服務」的真諦。

第三節　緊急逃生

任何運輸工具都有發生危險的可能，只是如果不幸發生事故的損傷情況會有差別。飛機因為速度很快且在天空中飛，禁不起事故發生。所以飛機上的「安全須知卡」一定放在雜誌袋的最前面（可是很少看到旅客拿出來看），就算機上沒有放雜誌的航空公司，一定也會放一張安全須知卡。

此安全須知卡就是告訴乘客如何逃生、逃生程序很重要。

✈緊急逃生──不可忽視

　　每一家航空公司都非常重視對員工的訓練，尤其是對空服人員如何協助機上乘客的緊急逃生。各航班在起飛前，航空公司一定要向乘客講解安全逃生示範，包括如何繫緊和鬆開安全帶、如何使用氧氣面罩、如何穿著救生衣、如何從逃生梯跳下以及緊急逃生門的位置等。但很少有乘客會認真聽講，大部分不是低頭看書報就是與鄰座乘客說話，更不用說會有乘客看了以後發問。連有些空服員也流於形式，存有礙於規定必做的敷衍心態，並未用心示範，實是值得航空公司憂心。

　　為了提高旅客的注意力，已有航空公司改變了原由空服員現場示範的方式，改用真人表演的影片，或是改用俏皮的卡通漫畫來吸引乘客的注意，例如2013年10月30日CNN報導維京航空的安全示範影帶，可以明瞭航空公

飛機起飛前空服員會示範救生設施的使用方法

司已經使出渾身解數，目的是告訴搭機的旅客，萬一不幸碰到必須逃生時，不要慌張，而且知道如何逃生。但很遺憾地，效果也是一般，因為乘客總是存著不會那麼巧的僥倖心理，真正認真看安全示範的客人不多，吾人不禁擔心：萬一真的要逃生時怎麼辦？此問題真是讓航空公司傷透腦筋！

正因為如此，「真正」逃生時會看到有乘客還緊緊抓著皮包，趕快穿高跟鞋的情景，讓人懷疑在登機後起飛前的安全逃生解說的效果，殊不知帶隨機手提行李會阻礙通道也影響逃生速度，殊不知穿高跟鞋會戳破逃生梯，導致逃生梯漏氣。如果在這種場景，空服員還不能拿出他們是受過嚴格逃生訓練的專業信心來指揮乘客逃生，那就太對不起公司了。但是真的每位空服員都做到了嗎？可能會有些人比旅客還緊張吧！所以說，如果真的不幸需要協助機上旅客緊急逃生疏散時，恐怕會有空服員兩腳發軟，不知所措，把受訓所學的作業程序，忘得一乾二淨。而且空服員在地面模擬的機上逃生訓練，少數人還嘻嘻哈哈的練習。真正事到臨頭時，就是檢驗平時訓練的紮實與否，也測驗出空勤組員（前艙的飛行員與後艙的空服員）的冷靜合作與機智。訓練有素的空服員在此一時刻會非常的鎮靜，一反原有在機上甜蜜的笑容，改以非常專業的態度，堅定地指揮逃生，唯有如此，才能減少傷害。航空公司主政者不可不慎。

民航法規規定客機要配有空服員的主要目的是為了逃生的需要。航空公司對新進空服員的新生訓練以及複訓，主要是教導各種飛機逃生設備的使用，如何引導旅客安全逃生，以及注意旅客的搭機安全，如扣緊安全帶、不要隨便在機艙內走動、上洗手間的時間是否合理、是否有劫機等不法意圖等。規模大的航空公司會有自己的水上逃生設備（游泳池）。沒有水上逃生訓練設備的航空公司，也要找有此設施的航空公司訓練或委託訓練。最後才是在1：1的模型客艙內，訓練空服員機上的餐飲與免稅品的服務，美姿美儀次之。

飛機發生緊急狀況在陸上或海上都有可能，也不僅只有在飛行途中，在地上滑行時也會發生，因此緊急逃生的情況有陸上逃生與海上逃生兩

飛機上的逃生門

種，兩者最大的不同在於陸上逃生不要穿救生衣，而且有地面的資源可用，水上則一定要穿（是先穿著，到逃生口才拉充氣），而沒有其他可利用的資源。巧合的是：穿救生衣比較麻煩，所以安全示範中穿救生衣的比重很高，導致乘客誤認為逃生只會在水上，更不記得逃生時要空手、什麼都不要帶、不要穿鞋、逃命要緊的說明。這些乘客要做的動作如何落實，恐怕才是航空業者要多費心思的課題。

　　最完美的逃生應可指2009年1月15日美國航空（AA）A320在起飛不久的爬升過程中遭受鳥擊，導致兩具發動機同時失效（如果只是一具發動機失效還可以飛到附近的機場正常降落），飛機完全失去動力，飛行員判斷當時飛機的高度與速度都無法飛到附近的機場安全降落後，決定選擇穿越人煙稀少的紐約哈德遜河水上降落，非常值得多加宣導。

　　整個完美的逃生過程，機上150名旅客及5名機組員全部生還，只有5人受傷，都無生命危險。除了要歸功於機長成功地降落在河面外，在飛機下沉前的緊急疏散中，所有的乘客臨危不亂，更沒有哀號，都非常鎮靜有秩

序，而機長的指揮若定，讓老弱婦孺先行離開，讓所有的機上人員都留在飛機翅膀及逃生梯上等待救援，當然除了警消人員外，附近渡輪的參與救援，也是功不可沒。

第四節　霸機的防制

霸機雖與飛安無關，也不是劫機，但與飛航秩序有關，是乘客到了目的地還在飛機上不下機的行動，取名為霸機。霸機會影響航空公司飛機的正常調度，間接也會影響下一航班的旅客，甚至影響飛機該有的檢修。

台灣是霸機的創始地，風行一時，曾經一年內發生多起，還引起國外的仿效。霸機的起因有由於航班未能按時起飛，有旅客不滿航空公司的服務。不論誰是誰非，僵持的結果對雙方都不利，民航主管機關認為此風不可長，乃用法律來約束，澈底解決。

增修「民用航空法」第47條規定：「乘客於運送中或於運送完成後，與航空器運送人發生糾紛者，民航局應協助調處之。乘客於調處時，受航空器運送人退去之要求，而仍留滯於航空器中者，航空器運送人經民航局同意，得請求航空警察局勸導或強制乘客離開航空器。」但如何防止或減少霸機的事情發生，航空公司應該責無旁貸。2014年6月23日中央社報導，香港航空公司的空服員對該公司於2014年6月20日HX234次航班因「天候原因」的延遲，遭旅客霸機還賠錢的處置表示不滿，發起2014年7月1日罷講普通話的活動，是一個警訊，值得思考。

第五節　空難的處理

最近的空難要屬2014年3月8日馬來西亞航空MH370最讓人百思不解，2014年12月28日又有馬來西亞廉價航空8501航班從泗水飛新加坡途中墜毀

爪哇海，2014年7月台灣復興航空在馬公的墜機及2015年2月4日的松山起飛墜落基隆河。空難之頻繁已使航空公司及台灣政府再加大力度，補強飛行員的再教育與飛機維修的落實。

✈ 人命關天

沒有人希望發生空難，航空公司也無不兢兢業業地維護飛航安全，雖然航空運輸的失事率是所有運輸工具中最低的，可是誰也不敢保證飛機不出事，萬一不幸發生空難，其後果嚴重，客機載的都是人，人命關天，飛機失事的搜救，救人第一，要動員所有可能動用的資源（包括軍隊）參與搶救。空難的救人難度比其他災難高，航空公司及當地的民航單位應儘速趕往現場，並協調當地有關機關如消防救護等協助救難，並清理現場以及保留證物。家屬的慰問與媒體的聯繫等，都是要馬上面對的問題。訊息提供的速度越快越好（如機上乘客、機組員人數與傷亡情形），要有專責單位處理，對家屬也要有專責的部門負責。

✈ 處理空難也要演練

任何空難絕對是國際媒體關注的焦點，媒體的力量要妥善利用；航空公司在這個時候一定要跟媒體合作，將所得到的訊息透過媒體對外說明。為了避免在第一時間的手忙腳亂，航空公司最好在平時要舉辦航班失事的處理演習，演練正確的逃生程序，善用公司現有的組織，分門別類同時演練，訓練員工一旦事情發生，能各有所司、各就各位沉著應對的經驗及能力。

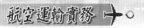
✈ 空難調查

失事現場清理完畢後，接著就是失事的調查。航空事故的調查管轄權不一定是事故航機的所屬國家，也可以由航機所屬國委託航機出事的地主國或其他國家來代為處理，而且速度越快越好，因為行動越快，能拯救的生命越多，能找到的證物也越多，對整個案情的幫助越大。

如果空難發生的地點是在陸上，有關搶救、搜索、調查、管轄權等工作要比海上來得容易，例如：2009年6月1日法航AF447墜落大西洋，以及2014年3月8日馬航MH370的墜落，在失事搜救、調查等工作都要大費周章，光是確定失事的確切地點就要折騰半天。要找到黑盒子（橘色的飛行紀錄器），也如海底撈針。上述法航AF447墜海，雖然出事第三天就發現飛機尾翼，但因為航機是墜海，光要確定失事的地點就花兩年多的時間，有了確定的墜落地點，要找黑盒子就有把握了，有了此飛行紀錄器才能判讀，瞭解失事的原因。

✈ 理賠

既然航空公司是直接利用飛機載運客貨郵件而取得報酬，對於所載運的客貨郵件都要負有安全送達的責任，而此種權利與義務，都會載明於運送契約中。飛機失事，一定涉及賠償的民事責任，也會視情況處以刑事責任。台灣「民用航空法」第91條規定：「乘客於航空器中或於上下航空器時，因意外事故致死亡或傷害者，航空器使用人或運送人應負賠償之責。」至於賠償標準，台灣是參照國際間賠償額之標準，另訂「航空客貨損害賠償辦法」。

講到賠償的金額，貨物及行李好處理（賠償標準與法規所訂差異不大），旅客就難辦了。有受傷、有不幸死亡的，且每一個人的年齡、地位

不同，因為人命關天，賠償標準難訂，所以有關法規只有訂定「不得低於」的最低標準。所以，台灣的航空公司在每次空難與不幸罹難旅客家屬協調的賠償金額，都與「航空客貨損害賠償辦法」中所訂「不得低於」的賠償額的標準相差很大。令人有法規趕不上時代的錯覺，還是空難很久才發生一次來不及修改最低標準的好奇。

　　航空公司為了履行其運送責任都投保保險，在台灣的保險公司也恐賠償金額太大，會再投保國際的再保公司。有關航空公司要繳交的保險費，如果航空公司都平安無事，各公司要繳的保費會降低，如果本區發生空難，除了發生事故的航空公司本身的保費會增加外，區內其他航空公司的保費也會連帶受影響，是與一般的保險不同之處。

Chapter 14

航空與觀光／簽證

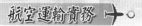

第一節　免簽證有助發展觀光

　　吸引外國人來觀光的另一個因素是給予外國人免簽證，就算要辦簽證，給予簽證的便利以及少收簽證費的做法，也都是鼓勵外國人來觀光的手段，台灣如能善加利用，對鼓勵外國人來台觀光會有幫助。觀光與簽證是相輔相成的，尤其是國際觀光。當然給予免簽證與否基本上要考慮相對性，對方給我們免簽證，我們也會給對方免簽證。要獲得一個國家的免簽證不只是政府上的外交，自己國家的國力以及出國同胞在國外的良好紀錄也是對方國家考慮的因素。近年來台灣已經突破137個國家及地區給台灣人民免簽證（詳情可查詢台灣外交部網站），激起國人出國旅遊的熱潮，增進國民外交引導外國人來台觀光。

第二節　觀光與航空運輸互補

　　航空運輸已經成為現代人類生活中不能缺少的交通工具，所以航空運輸與觀光相互依存。無煙囪的觀光業是新加坡首先推動。新加坡政府在發展觀光的同時，也脫離與馬來西亞合資的星馬航空，自立品牌，創立新加坡航空公司，帶進大量的外國觀光客到新加坡觀光，不但非常成功，而且至今榮景不退，引來外國仿效。可見航空運輸與發展觀光關係密切，尤其是島嶼國家，台灣也跟著急起直追。

　　台灣2003年起推出由政府每年發給公務員16,000元新台幣的國民旅遊補助款，期以帶動國內觀光，刺激國內消費，並與商店業者簽訂「國民旅遊卡」的消費措施。公務員為此「小確幸」，有不花白不花的心態，都設法把16,000元用完（要拿發票才可報銷），因為只要跨縣市的消費就可以，機票又貴，所以公務員很少用在買機票，國內航空公司的受惠，反不如飯

店、餐飲及特產行等行業。

　　皇天不負有心人，2008年7月起海峽兩岸航空直航，開始有大陸客來台，人數越來越多，多少彌補國內的航空公司因高速鐵路帶來的衝擊，也慶幸因爲陸客的到來，刺激地方消費，引起台灣各縣市政府對發展觀光的重視，紛紛舉辦了滑翔翼、熱氣球、國際馬拉松等活動，同時吸引更多國際友人來台觀光，使桃園機場公司加快腳步完成跑道整修與第一航站的改裝，並已於2013年6月完工啓用。

✈ 台灣的旅行業需品牌化

　　台灣交通部前部長葉匡時指出，台灣觀光旅遊業單打獨鬥的時代已經過去，必須走向品牌化、大型化與國際競爭，而非總是follower（追隨者）。他又說，觀光不只好玩，更能扮演產業的火車頭，帶動社會發展，經濟繁榮。觀光要永續經營，不能殺雞取卵，台灣觀光業者規模太小，鼓勵促成產業聯盟、合併、新市場開發等，一語道出台灣發展觀光旅遊推動的「要害」（《聯合報》，2014/3/13）。

　　2014年進出台灣的旅客總計約2,000萬人次，其中來台觀光客約1,105萬人次，台灣人出國約有801萬人次（交通部觀光局統計資料），絕大部分都是乘坐飛機。這幾年來台灣也積極開辦旅遊展，大城市如台北、高雄幾乎每年都有舉辦，每次旅遊展都結合航空公司、旅行社、飯店參展，兩岸直航後也有大陸各省旅遊局參加，成果豐碩，刺激旅遊相關行業產品的買氣。

✈ 台灣的機場服務費／機場稅？

　　由於民用航空運輸的迅速發展，飛機越來越多，對機場的需求也就隨之增多。但蓋機場的投資不少，爲了維護與日後擴建機場需要，機場單位都會想盡方法增加財源，除了對航空公司收取費用（如飛機降落費），也

想對搭乘飛機的旅客收取使用機場的費用。在台灣，機場當局要對搭機旅客收費要有法律依據，依交通部觀光局所主管的「發展觀光條例」第38條規定：「為加強機場服務及設施，發展觀光產業，得收取出境航空旅客之機場服務費；其收費繳納方法、免收服務費對象及相關作業方式之辦法，由中央主管機關擬訂，報請行政院核定之。」因而有對出境及轉機旅客收取費用的規定。據此，台灣方面可向出境旅客收取「機場服務費」，業界稱為機場稅（airport tax），嚴格來說不是稅捐，是觀光局依法收取的費用，又因收取對象是搭飛機的乘客，且是按人頭收，所以也有人稱為「人頭稅」。其收取的理由除了有法律依據外，也爰用國外的先例（亦認為搭機旅客享受航站提供的一切設備）。

同樣與觀光局都是交通部所屬的民航局認為，搭飛機的旅客都要使用機場的設備，觀光局依法向旅客所收的機場服務費應該與民航局分享。此項服務費台灣觀光局所分的比民航局多。徵收初期由出境的旅客自行於搭機前在機場繳交。由政府委託銀行代收，按期（月）解繳國庫，銀行還有長期的短暫現金可以利用，所以願意免費派人力收取，後來因解繳的期限縮短了，銀行在無利可圖的情況下，不願意繼續派員代收，演變成由航空公司或代售機票的旅行社於售票時一併收取，再解繳國庫。由於機場服務費是票價以外向乘客收取的費用，難怪2014年5月20日媒體報導，交通部要修正「發展觀光條例」提高機場服務費，由向每一出境及轉機旅客收取300元新台幣調高為500元新台幣的做法，引起不少反對的聲浪。

Chapter 15

航空運輸相關產業

在台灣與航空運輸相關的「特許」行業有：航空貨運承攬業／報關業、航空站地勤業、空廚業、航空貨物集散站經營業、旅行業等。此等行業，本書已在相關章節有所說明，茲再扼要介紹如下：

第一節　航空貨運承攬業／報關業

依「民用航空法」第2條的定義，航空貨運承攬業（air-freight forwarder），係「指以自己之名義，為他人之計算，使民用航空運輸業運送航空貨物及非具有通信性質之國際貿易商業文件而受報酬之事業」。其業務性質與航空貨運代理不同。貨運代理不可以用自己的名義，只能用貨主的名義代為處理貨運事宜，而貨運承攬則是用自己的名義直接將貨物交給航空公司運送，承攬業對其（真正的）貨主負責，所以他要簽發併裝提單或稱小提單（HAWB）給其（真正的）貨主，他則變成航空公司的貨主，向航空公司索取航空公司的（主）提單（MAWB）。

台灣航空貨運發展初期，並未將航空貨運承攬的行業納入民航的特許行業（要先申請許可才可以經營的業務），是先有航空貨運承攬業務的事實，後有管理航空貨運承攬業的法規，所以絕大多數從事此業務的公司都以「代理」稱之（業者對代理或承攬並不很清楚），都直接到公司主管機關（經濟部）辦理公司登記就開始營業（因為代理業不是特許的行業），不需要先經交通部准許後才去辦理公司登記。可惜的是——雖將航空貨運承攬的行業納入特許行業，由業務主管機關交通部來管理，也訂有「航空貨運承攬業管理規則」作為管理的依據，可是如果按照管理規則規定的設置標準，幾乎很少有合於標準的，所以最後主管機關出於無奈，只要是經由航空貨運承攬公會認定的公司提出申請，都會照准，也把不具備承攬條件的業者「一網打盡」，造成航空貨運承攬業家數之多（曾經近700家），恐居世界之冠。

　　因為海關認定貨盤、空貨櫃為商品，及基於考量安全，航空貨運承攬業者無法在機場外面自己拆／打盤櫃貨物，業者就把機場的倉庫當作集貨中心，成長緩慢的結果，只能與國外有網路的同行「合作」，讓國外業者分食台灣的航空貨運承攬市場。尤其在大陸經濟起飛，海峽兩岸直航後，更為明顯。

　　反觀歐美、日本、新加坡及香港等地，真正的航空貨運承攬業家數不多，他們都有足夠的集貨場地及設備，有駐場的海關監管，可以自己拆／打盤櫃貨物，可以整盤整櫃進出機場，快速又方便。

　　航空貨運承攬業為了本身業務順利推展，都會依據海關法規另外申請海關報關執照。尤其是在台灣，大部分的航空貨運承攬業不是先有報關業執照就是同時具有承攬與報關兩張執照，因為沒有海關報關執照的航空貨運承攬業，難以為貨主提供全方位的服務，生意會受影響。報關業（customs brokers，通稱為「報關行」）是在有國際通商的時期開始的行業，因為各國的關稅法規繁雜，一般貨主（含旅客）是很難瞭解的，連報關單都可能不會填寫，更不用說現代的E化通關了。所以報關行就歷久不衰，一直存在。

　　就算是全客機，其機腹除了裝載旅客的行李以外也多少可以載一些貨物。有全貨機或客貨混合機的航空公司，對於貨物的攬收就非常重要，航空公司自己攬收的貨物有限，大部分的貨物靠航空貨運承攬業者或代理業者的幫忙。有些航空公司設有訂貨物艙位的電腦系統，將此一系統連到其主要的貨運代理，同時將貨運文件（如貨運艙單）電腦化及與海關連線。不過，在台灣的航空貨運承攬業家數雖有將近700家之多，規模能與世界排名前20大相比的不多。

航空運輸實務 ✈ ○
The Practice of Air Transport Management

第二節　航空站地勤業

依「民用航空法」第2條的定義，航空站地勤業（airport ground handling service agent）係「指於機坪內從事航空器拖曳、導引，行李、貨物、餐點裝卸，機艙清潔，空橋操作及其有關勞務之事業」。有航空公司自己投資或合資經營的，也有專門經營航空機場地勤服務的業者。詳情請參閱本書第十二章。

第三節　空廚業

依「民用航空法」第2條的定義，空廚業（catering）係「指為提供航空器內餐飲或其他相關用品而於機坪內從事運送、裝卸之事業」。它的廚房不是設在空中，而是提供飛機上吃、喝的物品，並將這些物品送到機上的廠商。有些航空公司因為載客量大，需要的餐點多，會自己投資或合資設立空中廚房，除了供給自己之外，還可以供應國外友航。也有非航空公司而專門提供與運送航空餐點給航空公司的空廚業者。

空中廚房最好是蓋在機場內（如台灣以前在機場內的圓山空廚，可節省運送時間），否則也不能離機場太遠，連臨時加餐都有困難。空中廚房不需要特許，但要辦理工廠登記，政府只管工廠安全與消防。至於台灣將空廚業納入民航法管理，主要是餐車要進出機場管制區的考量。

空中廚房進口用在飛國際航班上的食材與用品，是免進口稅的，所以都會在廠區設由海關監管的免稅倉庫。有關餐食的供應有中式、日式及西式等，都是由專門的廚師料理（講究的公司會聘請日籍師傅擔綱日式的部分）；有關西點麵包的供應絕對不能少，可是好的麵包師傅在台灣難找（現在比較好找），也都會高薪聘請外國師傅。

第四節　航空貨物集散站經營業

依「民用航空法」第2條的定義，航空貨物集散站經營業（air cargo ternminal）係「指提供空運進口、出口、轉運或轉口貨物集散與進出航空站管制區所需之通關、倉儲場所、設備及服務而受報酬之事業」。即專門處理航空貨物倉儲業務的經營者，航空貨運站是國際機場必有的設備。設置的地點有在機場管制區內的，也有設在機場附近管制區外的。兩者都是保稅倉庫，要接受海關的監督管理。

目前在桃園國際機場共有五家業者，有兩家在機場管制區內，都是以BOT方式引進的；也有兩家在機場外，另一家也是以BOT招商引進，這一家雖然蓋在機場外，但有一條連接（跨越）機場管制區與該家的專用引道、橋樑（詳情參閱第十一章第四節）。

第五節　旅行業

旅行業（travel agent）是法規的名稱，俗稱「旅行社」。依台灣「發展觀光條例」第2條的定義是：「指經中央主管機關核准，為旅客設計安排旅程、食宿、領隊人員、導遊人員、代購代售交通客票、代辦出國簽證手續等有關服務而收取報酬之營利事業」。因此，旅行社應該以安排飛機加酒店（機＋酒）等的旅遊產品為主要業務，代售航空機票次之。

航空公司會選擇可靠績優的旅行社作為主要合作的對象，並提供比較有競爭力的機票價格，給合作的旅行社去包裝旅遊產品；航空公司也會提供旅行社銷售的激勵方案，也會提供與旅行社的網路連線。一般而言，航空公司會有在淡季也賣力相挺的旅行社，於旺季機位緊張時多給機位的政策。

　　因為旅行社的執照比較容易取得，以致水準參差不齊，惡性倒閉的公司在所難免，正當經營的業者為了維護聲譽及保護消費大眾，在台灣由旅行社成立了旅遊品質保障協會，對吃虧的消費者提供實質的保障，值得讚許！

Chapter 16

海峽兩岸空運航線

第一節　空中直航的基礎──兩會空運協議

　　海峽兩岸在1949年起分治，在政治上互不往來（本書不談政治，惟談兩岸多少要提些與政治有關的話題，乞諒！）。兩岸人民都是炎黃子孫，何況有不少同胞或老兵離鄉背景來台灣，思鄉心情可想而知，都會想盡辦法互通訊息或見一面，但是這些做法在當時是不被允許的，如果做了就是違法。傳說台灣的領導人曾經在一個場合看到他大陸家鄉的照片後，大為感動，於1987年11月2日就開放「老兵回鄉」／「台灣民眾赴大陸探親」，不久頒布「行政院大陸委員會組織條例」，並設置大陸委員會（簡稱「陸委會」），陸委會就據以發布「大陸事務財團法人設立許可及監督準則」，設立了海峽兩岸交流基金會（簡稱「海基會」），積極推動海峽兩岸的交流，大陸也設立了大陸海峽兩岸關係協會（簡稱「海協會」）作為對口，這兩個會就是俗稱的「大兩會」，是兩岸官方授權協商有關兩岸事務的團體（俗稱「白手套」）。台灣方面的第一任董事長是辜振甫先生，大陸第一任的會長是汪道涵先生。1992年台灣頒布「台灣地區與大陸地區人民關係條例」（簡稱「兩岸條例」），兩岸正式進入緩和的時期。

　　第一次的大兩會會談是1993年在新加坡舉行的辜汪會談，轟動國際，其後雙方有些作為。可惜2000年台灣因為政黨輪替，導致大兩會中斷交流，直到2008年國民黨再取得政權後，大兩會才再恢復交流。2008年6月12日，台灣海基會由江丙坤董事長率團與大陸海協會會長陳雲林所率領的代表團在北京簽訂了「兩岸通航協議」，正式名稱為「海峽兩岸包機會談紀要」，開啟兩岸空中直航。該紀要並規定有關執行細節，由台灣台北市航空運輸商業同業公會與大陸海峽兩岸民航運輸委員會（即航空部分俗稱的「小兩會」）共同協商，逐步解決。

　　上述會談紀要載明有關兩岸直航執行細節的會議，例如：兩岸直航

新航路的建立、兩岸航點航班的增加、兩岸航班時刻的協調、兩岸機票票價、春節航班的安排等全部的活動，都由航空小兩會代為安排促成。

可是台灣航空部分的小兩會是純航空公司的民間組織，成員全是航空公司的幹部，沒有官方，而大陸小兩會的成員則既是公務人員也是「委員會」的委員，具有雙重身分，運用靈活。在真正談判的場合，就是有公權力的公務員——「專家」；而台灣有公權力的專家都是公務員的身分，所以在會談期間，雙方的專家都要以小兩會顧問或高級顧問的名義參與，由專家們來磋商解決，小兩會也只是名義而已。

 # 第二節　發展過程

✈ 兩岸航線的特殊性

海峽兩岸的空中直航，既不是國內航線也不是國際航線，台灣方面，在名稱上就自我討論了好一陣子，有說是特殊航線，有說是大陸航線。因為兩岸航線是屬於兩岸的航空公司，只有在兩岸註冊的航空企業才可以享有，連在已回歸的香港及澳門註冊的航空公司都沒有資格。海峽兩岸的空中直航能有今天的發展，已屬不易。有關航線的定位，不稱為國內航線也不叫做國際航線，直接稱之為「兩岸航線」，不提是國內或是國際，是非常智慧的明智之舉（在運行操作上都比照國際航線模式辦理迄今）。

兩岸關係也因為如此複雜，所以有關兩岸的空中交通一直到2003年雙方才有共識，同意台灣方面的飛機先「單飛」春節的包機（台方6家共飛16班），無奈到了2004年，因台灣大選的結果暫停，到2005年才進一步開展「雙方對飛」的春節包機（各6家共飛24班），2006年仍為兩岸雙方對飛的春節包機，也是各6家飛航，航班增為共36班，一步步的前進。

　　到了2008年7月4日起開啓週末客運包機（按當初政府計劃7月1日星期三就起飛，因爲不是週末，才改爲7月4日週六首航）。2008年12月15日擴展到每日客運包機與貨運包機，2009年8月31日起全部改爲客貨定期航班，到2014年台灣開放10個航點，大陸開放51個航點。航班客運每週雙方各420航班，貨運每週各42航班。陸客來台

> **兩岸包機的特色**
>
> 按理包機不等於定期航班，包機只有團體的包機票，應逐架次申請的，嚴格的做法是機票不可以拆散賣。海峽兩岸的事就比較好說，從一週申請一次的週末包機擴展到按季申請的平日包機，機票也拆開賣。此平日飛行的包機實際上與定期航班無異。這是兩岸包機操作的特色。

從2008年的329,204人，增加到2012年的2,586,428人。載客量已超過2,700萬人次，載貨量已在59萬噸以上（詳情請上觀光局民航局及移民署網站查詢）。

第三節　兩岸空中新航路

✈️ 建立新航路的艱辛

　　大陸幅員廣大，當初在談台灣澳門航線（1997年澳門回歸前）的通航協議時就發生過小插曲。當時台灣還沒有開放兩岸的通航，澳門航空的總公司（基地）在澳門，也有大陸的資本，且澳航除了飛台灣也飛大陸，會中有人就認爲，即使在澳門（澳航的基地）換了航班編號，因爲用的是同一架飛機應該算是直航，眼看即將達成的協議就打結在澳航的航機上面，導致談判幾乎破局。與會人員對提出此一問題的人士議論紛紛，所幸此一問題經事後的充分溝通後，在下一回合的會商就迎刃而解。

　　兩岸初期的直航航班都要降落香港或澳門再起飛，後來進展到只需

繞經港澳上空就好，不必降落再飛，對航空運送人已經省了降落起飛的程序，但對飛往上海、北京等大陸北方的航空企業還是增加飛行時間與耗油成本，旅客也有怨言。後來經由雙方航空小兩會的努力，安排兩岸官方（專家）在台北草簽會談紀錄，並在上海完成簽署，建立了兩岸一條新的北航路，於2008年12月15日啓用，從台北到上海約八十分鐘，比原來繞經香港約少一小時。於2009年8月31日又開通了第二條北航路，提供飛航大陸的華北／東北航機使用，台北到北京約兩小時四十分鐘，也比原來繞經香港少一小時；至於往南飛的廣州、深圳、海南則問題不大，只有廈門、福州的航路要繞過台灣海峽中線留待解決。

 ## 第四節　未來發展

中國大陸自從改革開放以來的經濟發展有目共睹。尤其近幾年的經濟成長更是驚人！難怪波音及空中巴士兩大製造飛機的龍頭都看好大陸的航空市場，國際航空運輸協會（IATA）也預測全球航空運輸量的成長在亞洲，而亞洲的成長在中國大陸。

台灣本島的航空運輸在受高鐵的衝擊下只有選擇放棄，往高鐵到不了的金門、澎湖、馬祖等外島發展，可是外島的市場對國內航空公司來說是難以生存的，還好有兩岸直達航線的開航，為台灣的航空公司打了一劑強心針。

毫無疑問地，海峽兩岸的航線是屬於海峽兩岸的航空公司所有，只有兩岸的航空公司有權申請飛航。我們期待兩岸的航空企業持續發展，共同創造一個「一加一大於二」的航空運輸市場。以下幾點有賴大家繼續努力：

1.放寬陸客來台的審批，免辦大陸通行證來台轉機。
2.允許台灣的航空公司飛往歐美航線使用大陸的便捷航路飛越大陸空

域。

3.兩岸飛機維修的相互認證。攸關飛航安全及節省飛機維修時間，恐須儘速解決。

附　　錄

附錄一 各型飛機最大起飛及落地重量表

A/C Type	B737-800		B737-900ER	
	Basic	Maximum	Basic	Maximum
Maximum takeoff weight kg(lb)	70,530(155,500)	79,010(174,200)	74,390(164,000)	85,140(187,700)
Maximum landing weight kg(lb)	65,310(144,000)	66,360(146,300)	67,720(149,300)	71,350(157,300)

A/C Type	B747-400		B747-400ER	
	Basic	Maximum	Basic	Maximum
Maximum takeoff weight kg(lb)	362,870(800,000)	396,890(875,000)	412,770(910,000)	412,770(910,000)
Maximum landing weight kg(lb)	260,360(574,000)	295,740(652,000)	263,540(581,000)	295,740(652,000)

A/C Type	B757-200		B757-300	
	Basic	Maximum	Basic	Maximum
Maximum takeoff weight kg(lb)	99,790(220,000)	115,660(255,000)	108,860(240,000)	123,830(273,000)
Maximum landing weight kg(lb)	89,810(198,000)	95,250(210,000)	101,600(224,000)	101,600(224,000)

A/C Type	B767-200ER		B767-300ER	
	Basic	Maximum	Basic	Maximum
Maximum takeoff weight kg(lb)	156,480(345,000)	179,160(395,000)	172,360(380,000)	186,880(412,000)
Maximum landing weight kg(lb)	126,090(278,000)	136,070(300,000)	136,070(300,000)	145,140(320,000)

A/C Type	B767-400ER		B777-200ER	
	Basic	Maximum	Basic	Maximum
Maximum takeoff weight kg(lb)	181,430(400,000)	204,110(450,000)	263,080(580,000)	297,550(656,000)
Maximum landing weight kg(lb)	158,750(350,000)	158,750(350,000)	208,650(460,000)	213,180(470,000)

A/C Type	B777-200		B777-300ER	
	Basic	Maximum	Basic	Maximum
Maximum takeoff weight kg(lb)	229,510(506,000)	247,200(545,000)	317,510(700,000)	351,530(775,000)
Maximum landing weight kg(lb)	201,840(445,000)	201,840(445,000)	251,290(554,000)	251,290(554,000)

A/C Type	B777-300		B777F	
	Basic	Maximum	Basic	Maximum
Maximum takeoff weight kg(lb)	263,080(580,000)	299,370(660,000)	347,814(766,800)	260,815(575,000)
Maximum landing weight kg(lb)	237,680(524,000)	237,680(524,000)	298,000(656,977)	248,115(547,700)

A/C Type	B787-8		B787-9	
	Basic	Maximum	Basic	Maximum
Maximum takeoff weight kg(lb)	227,930(502,500)	227,930(502,500)	247,205(545,000)	250,830(553,000)
Maximum landing weight kg(lb)	172,360(380,000)	172,360(380,000)	192,770(425,000)	192,770(425,000)

A/C Type	B787-10	
	Basic	Maximum
Maximum takeoff weight kg(lb)	254,011(560,000)	218,000(480,608)
Maximum landing weight kg(lb)	201,848(445,000)	192,776(425,000)

A/C Type	A318		A319	
	Basic	Maximum	Basic	Maximum
Maximum takeoff weight kg(lb)	59,010(130,100)	67,991(149,900)	64,000(141,100)	75,475(166,400)
Maximum landing weight kg(lb)	56,017(123,500)	57,513(126,800)	61,006(134,500)	62,503(137,800)

A/C Type	A320		A321	
	Basic	Maximum	Basic	Maximum
Maximum takeoff weight kg(lb)	73,479(162,000)	78,015(172,000)	88,992(196,200)	93,482(206,100)
Maximum landing weight kg(lb)	64,499(142,200)	65,995(145,500)	75,475(166,400)	77,788(171,500)

A/C Type	A330-200		A330-300	
	Basic	Maximum	Basic	Maximum
Maximum takeoff weight kg(lb)	229,963(507,000)	239,987(529,100)	229,963(507,000)	239,987(529,100)
Maximum landing weight kg(lb)	179,979(396,800)	181,975(401,200)	185,014(407,900)	187,010(412,300)

A/C Type	A350-800		A350-900	
	Basic	Maximum	Basic	Maximum
Maximum takeoff weight kg(lb)	247,970(546,700)	258,992(571,000)	267,973(590,800)	267,973(590,800)
Maximum landing weight kg(lb)	190,003(418,900)	192,997(425,500)	204,971(451,900)	204,971(451,900)

A/C Type	A340-300		A340-500	
	Basic	Maximum	Basic	Maximum
Maximum takeoff weight kg(lb)	274,867(606,000)	276,500(609,600)	371,978(820,100)	380,006(837,800)
Maximum landing weight kg(lb)	190,003(418,900)	191,999(423,300)	242,981(535,700)	245,975(542,300)

A/C Type	A340-600		A350-1000	
	Basic	Maximum	Basic	Maximum
Maximum takeoff weight kg(lb)	367,987(811,300)	380,006(837,800)	307,978(679,000)	307,978(679,000)
Maximum landing weight kg(lb)	258,992(571,000)	264,979(584,200)	233,002(513,700)	233,002(513,700)

A/C Type	A380	
	Basic	Maximum
Maximum takeoff weight kg(lb)	560,167(1,235,000)	575,135(1,268,000)
Maximum landing weight kg(lb)	385,994(851,000)	394,158(869,000)

A/C Type	MD-82		MD-83	
	Basic	Maximum	Basic	Maximum
Maximum takeoff weight kg(lb)	67,812(149,500)	67,812(149,500)	72,575(160,000)	72,575(160,000)
Maximum landing weight kg(lb)	58,967(130,000)	58,967(130,000)	63,276(139,500)	63,276(139,500)

A/C Type	MD-90		ERJ190	
	Basic	Maximum	Basic	Maximum
Maximum takeoff weight kg(lb)	70,760(156,000)	76,204(168,000)	47,790(105,359)	51,800(114,199)
Maximum landing weight kg(lb)	64,410(142,000)	64,410(142,000)	43,000(94,799)	44,000(97,003)

A/C Type	ATR72-500		ATR72-600	
	Basic	Maximum	Basic	Maximum
Maximum takeoff weight kg(lb)	22,000(48,501)	22,800(50,265)	22,800(50,265)	23,000(50,705)
Maximum landing weight kg(lb)	21,850(48,170)	21,850(48,170)	22,350(49,272)	22350(49,272)

A/C Type	DH8-300	
	Basic	Maximum
Maximum takeoff weight kg(lb)	19,505(43,000)	19,505(43,000)
Maximum landing weight kg(lb)	19,501(42,000)	19,501(42,000)

〈雜誌專訪〉

附錄二　立榮不斷地創「心」服務　獲企業策略創新大獎

「食衣住行雖然是傳統產業，以提供客戶服務為主，但不是只做市場需要或是迎合市場需求，要能夠有創新的思維；就好比蘋果創辦人賈伯斯，加入創新思維之後就打敗了一堆競爭者。」剛獲得經濟部頒發「100年度產業創新成果表揚──創新策略獎」的立榮航空董事長蘇宏義說，永遠比客人早一步知道趨勢，創造客人需求，走在比客人更前面，提供創新的服務，才是航空業永續生存的不二法門。

經濟部技術處為了發掘深具原創性與故事性的企業創意專案或明星團隊，特別設置「產業創新成果表揚」獎項。立榮航空2011年以「讓買機票像買飲料一樣簡單方便」的便利服務榮獲創新策略獎，為自2006年該獎項設置以來，第一家獲獎的航空公司。

航空業首家獲得創新策略獎

蘇宏義表示，為了提供旅客安全、舒適的便利服務，深入瞭解顧客需求為立榮航空實踐「服務永無止境」精神的主要根基，簡便的購票機制更是立榮航空長期來不斷努力的目標。

立榮航空目前每天載客數約為6,000～10,000人次，全台雖已約有300多家旅行社提供立榮機票銷售服務，但還是讓旅客覺得不夠便利。立榮航空創意團隊進而思考，為何買機票不能像買飲料一樣簡便呢？此一發想啟動了與統一超商異業合作的契機，於2010年9月推出7-ELEVEN ibon訂位、付款服務，更進一步於2011年5月，再新增刷卡付款服務。

蘇宏義認為，離島民眾長年都有購買機票不便的問題，年長者不習慣使用ATM轉帳，更是不會使用網路訂位；此外，對於軍人來說，電腦使用

的限制也讓購票管道受到局限。立榮航空推出ibon訂位付款服務之後，現在每天有超過1,500張機票經由此管道購買，「走！去超商買機票」也逐漸成為離島民眾的新消費習慣。特別是，以往過年期間，機場需要加派很多人手在機場賣機票，此新服務推出後，省下許多人力，相對的可以提供旅客更多貼心的服務。

創新思維——提前為旅客做到最好

蘇宏義認為，「不管做哪個行業，瞭解客戶需求在哪，遠比客戶要什麼才給什麼積極，創新是不能夠停滯不前的。」從調整營運策略、服務航線，一直到開發新產品等，立榮航空都相當積極地佈局；在近幾年外在環境影響之下，即使面對多方衝擊，立榮航空也總能在日益艱困的航空市場中敏銳觀察出商機。

在瞬息萬變的時代中，唯有「創新」才能創造出新商機，立榮航空的創新策略是以旅客的需求為出發點，而創新「心」服務近年已成為立榮航空全公司上下一心的活動。立榮航空內部企業網站設有「精緻服務專區」，員工隨時都能提供創意，主管定時召開「創新策略會議」，針對員工的創意進行腦力激盪，讓員工的好創意得以落實，並提供獎勵方案。

除了獲獎的超商訂位付款服務之外，立榮航空持續創新，在全台機場建置LED資訊顯示看板，讓旅客清楚瞭解航班動態訊息，並完成自助報到系統（KIOSK），讓旅客享受更快速的劃位報到服務。

為使身障朋友訂位、購票服務更方便，又在1月5日推出網上及超商訂購「愛心票」服務，身障朋友可勾選所需的協助，立榮航空會派專人主動聯繫；此外，員工亦曾表示許多朝聖或進香團的旅客為神像買了座位，卻發現安全帶無法完整固定的問題，經過團隊仔細研討，進一步研發專屬神像旅行箱，這項創新又貼心的服務想必會再掀起一波討論熱潮。

機隊汰換打造小而美的航空公司

　　立榮航空原本是由馬公航空、大華航空及台灣航空等3家合併而成，機型達6種之多，經過多年的機隊整合，逐步簡化為2種機型，提供旅客更安全舒適的服務，為了更進一步提升服務，立榮航空將自今年起陸續採購10架ATR 72-600型螺旋槳飛機，自2012年下半年開始逐步汰換目前飛航國內線的機隊，採用更環保、更符合國內線短程飛航的新機隊，鞏固立榮航空永續經營的基礎。

　　蘇宏義表示，長榮集團旗下的長榮航空以飛航中長程線為主，立榮航空則是國內線與區域性航線，將以市場的大小，來決定採用的飛機機型，以集團資源共享的方式，達到飛航的最大效益。

　　油價是航空公司最大的成本支出，更換AT R 72- 600型螺旋槳飛機還有省油環保的因素，未來國內線全部都以此機型飛航，MD-90則飛區域性或大陸航線。如此，立榮航空就能以小而美的航空公司來發展。

「立榮金廈一條龍」為小三通代名詞

　　提到小三通，蘇宏義說：「我是小三通走法的創始人」，小三通開放初期，因船班少接駁相當不便，導致使用者少，為了突破市場僵局，我自己先走2、3次，親自體驗旅客走小三通會遭遇那些不便，把問題逐一克服，將不便降到最低。再經過2次與廈門當地業者的說明會後，開始創立了目前兩岸小三通代表品牌「立榮金廈一條龍」。

　　立榮航空意識到小三通的未來潛力，全力投入小三通的經營，提供機票、船票、地面接送一次到位的服務，澈底解決小三通繁瑣不便的流程；並且為旅客著想，提供旅客行李直掛的服務，原本兩地船班每週僅有4班，經過與船公司協調之後，現在每天多達22個船班，大約每隔20分鐘就有1班。「立榮金廈一條龍」的成功引起同業紛紛仿效，品牌名稱雖已註冊為

商標，但是「立榮金廈一條龍」卻早已成為小三通的代名詞。

此外，立榮航空為了推廣小三通旅遊，自2009年4月發起「全閩小三通、萬人遊福建」活動，在短短3個月即達成萬人目標；更於2010年12月成功達到10萬人次赴閩旅遊計畫，受到福建省政府及各界的肯定及支持。去年立榮航空運用鼓浪嶼島上音樂、咖啡、老別墅的元素，創造產品區隔，包裝「立榮假期～浪漫一下」廈門自由行，同年6月底開放廈門民眾赴台自由行，立榮航空再與旅行同業及飯店業共同包裝「立榮假期～台灣個人遊」，並積極透過各種管道加以推廣。在直航與小三通互補下，立榮航空將持續強化「立榮金廈一條龍」及爭取旅客經由小三通往返兩岸觀光，包括中轉至內陸航點之小三通商機。

People 人物專訪　　　　　TTN TAIWAN

專訪 立榮航空董事長 蘇宏義　　走!!去超商買機票～

立榮不斷地創『心』服務　獲企業策略創新大獎

採訪、圖文◎黃逸華　攝影◎王修文

航空業非家喻戶曉創新策略提獎

創新思維－提高為旅客確實服務

機場決勝打造小而美的航空公司

兩岸航線搶攻大陸

Profile 蘇宏義

兩岸航線商機在大陸

　　長榮／立榮航空營運兩岸航線達到25個航點、39條航線，每週共提供105班次服務，藉由長榮集團資源共享，創造靈活的資源運用及效率，提供更完整、專業、與國際接軌的飛航服務。

　　蘇宏義認為，兩岸航班現在多達每週558班，以過去的經驗來看，台灣前往大陸的人數，即便航班再增開，人數也不可能再增加多少；相反地，以大陸13億人口來估，只要有1億人想來台灣，以目前每週558班，全部給他們使用，1年也才載運不到1千萬人，足足得花10年的時間才能消化這1億人。所以兩岸航線的商機絕對是在大陸市場，希望兩岸能維持和平穩定地發展，這不僅對航空業，對各行各業都是好的發展。

　　展望未來，立榮航空期許能成為一家提供「感動服務」的優質航空公司，持續為提升軟、硬體設備，提供更完整、專業與國際接軌的飛航服務而努力。

資料來源：黃志偉，《旅報》，第707期，2012年1月。

〈雜誌專訪〉

附錄三　以國際級水準打造「金廈一條龍」

　　在大陸待了四年，為長榮航空走遍大江南北的立榮航空總經理蘇宏義於今年二月十六日推出國內第一條整合陸海空的小三通航線，「這條航線是我們親自走出來的。」蘇宏義笑著指出，在規劃時，他就帶著幾位主管實地體驗，真正走一遭往返金門與廈門的小三通路線，「這樣才能完全瞭解顧客在途中可能會遇到哪些不便？」他說。

　　看好開放小三通的市場需求，這條結合了立榮國內五大航線（台北—金門、台中—金門、嘉義—金門、台南—金門、高雄—金門）、金門水頭碼頭以及廈門的和平碼頭的「金廈一條龍」航線，一推出便以每個月增加30%旅客數量的速度成長，「因為至少為顧客省下了一半的時間與費用」。蘇宏義說早上七點由松山機場出發，當天早上九點五十分就可抵達廈門，「以前光是在香港轉機就要耗掉至少一個半小時！」他比喻道。

打造國際級水準

　　不僅如此，他還敦促金門縣政府在建造金門水頭碼頭客運大廈的同時，考慮提供如國際機場的服務，讓一條龍更為順暢與便利，「要做到像國際航線那樣的水準」。面對國內其他航空公司也開始進入此塊市場，身為先行者（pioneer）的立榮卻樂觀其成。蘇宏義認為，獨占不見得獲利最大，反而有競爭者才容易把市場做大，「我們不怕競爭，但必須是良性的」。他預期，每週提供往返超過200個班次的立榮能達到約50%的市場占有率。

　　硬體整合好了，接著便是軟體（服務）品質的提升。「服務是永無止盡的」，蘇宏義語重心長地說。

　　目前，立榮已經提供一通電話即可完成船機所有手續、雙向行李運

送以及碼頭－機場接送等專屬服務，下一步，還要整合船公司的顧客服務，讓「金廈一條龍」的顧客能夠全面享有尊榮待遇。「服務品質看得是整體性」蘇宏義直言。執行力強的蘇宏義更強調，納入長榮集團後的立榮航空，利用資源共享創造綜效，一方面以長榮的國際優勢開發立榮國際航線，另一方面繼續深耕台灣市場，「我非常看好立榮未來的潛力！立榮今年一定賺錢！」他自信地說。

資料來源：《遠見》，第216期，2004年6月號。

〈雜誌專訪〉

附錄四　提早一步看到顧客需求

去年在《遠見》服務業大調查「國內航空」業態中，排名最後的立榮航空，今年以74.92分的高分，大幅領先對手，摘下冠軍。

時間推回一年前，初聽到調查結果，立榮航空全體員工十分沮喪。然而，立榮仍舊打起精神，推派代表向《遠見》詢問，究竟哪裡做得不周全。

在聽聞去年欣葉餐廳從谷底翻升為第三名的「臥『欣』嘗膽」故事後，立榮有信心明年會做得更好，果然今年立榮一躍成為業界榜首。

成功來得並不偶然。當時，立榮航空隨即針對缺點，召集全公司主管開會檢討，發現他們早就知道該怎麼做好服務，只是沒有落實。

去年，神秘客發覺，立榮櫃檯外，沒有導覽員迎接旅客，該項目成績幾乎掛零；此外，無論是地勤人員或空服員，面對客人都不喜歡笑、態度不積極，似乎很怕顧客給他們添麻煩，也被神秘客扣了不少分。

基本功，微笑是最好服務

去年成績公布後，不到一個月，立榮航空櫃檯外，已見態度親切的導覽員，忙著協助客人。各流程的服務人員，也都帶著微笑回應顧客。這麼令人驚訝的事，怎麼發生的？

其實，「櫃外服務」與「面帶微笑」可說是航空業的基本功，十分注重教育訓練的立榮航空，當然也是這樣要求服務人員。

「這就像五個手指頭伸出來都不一樣長，」立榮航空董事長蘇宏義說，雖是接受同樣的訓練，但員工的專業純熟度不盡相同，何況「情緒難免有低潮，低潮時就得注意情緒管理！」

為徹底落實服務工作，立榮的每位主管都是神秘客，不表露身分的他

們一搭上飛機，隨時查看是否有服務上的瑕疵，回去後還寫稽核報告，唯恐員工因為怠惰而壞了品質。

蘇宏義也親自為員工上課，其中必定有堂「服務理念基礎課程」。

「坐飛機是一件很辛苦的事，所以我們要加倍體諒客人。」蘇宏義指出，航空業與其他服務業不一樣，登機前的安檢程序不能省，機上空間局限，又不能隨處走動，在在令旅客覺得不舒服，更需要貼心的服務。

要有貼心的服務，得先從客人的角度來思考。為了讓旅客覺得被平等對待，蘇宏義要求服務人員一律尊稱客人為「先生」或「小姐」，「不可以讓客人感覺，你的服務對某人特別好，每個人都是一樣大的。」

更主動，一次滿足顧客需求

一週搭乘立榮航空四次的傅先生，這一年來幾乎只搭立榮，理由是「他們變得更貼心了」。

「立榮空服員會在最短的時間內，回應乘客需求。」傅先生說，身為銀行界主管，他需要看兩份財經報紙，已對這位常客熟識的空服員，總記得在他看完一份後，馬上遞上另一份。

一次，有位醉酒的乘客想嘔吐，空服員注意到他神色不對，立即遞上熱水、毛巾與塑膠袋，將他帶到座艙後排嘔吐，並清理穢物，「處理速度很快，沒有影響到其他乘客。」傅先生印象相當深刻。

但是，如何知道旅客需要哪些協助？

「最好的情況是，組員跟乘客四目交接後，就可以知道乘客要什麼，表情可以透露很多事。」運航本部服勤部經理任燕琳說，他們要求空服員隨時注意乘客動靜，各式各樣的情況，都被完整做成參考範例，在每月例會中，加以檢討。

除了基本服務，每天170航班、8,000位旅客的立榮航空，多做許多事，令蘇宏義也不免感動。

由於國內線搭乘的老年人較多，使用輪椅的乘客也不少，立榮員工經

常要幫忙背客人，「不是每航次都有空橋，沒空橋時，同仁就要背著行動不便的乘客，從扶梯車一階階爬上爬下。」蘇宏義深呼了一口氣。

但蘇宏義不怕多付出，認為寧可主動一點「改進缺點」，走在顧客的需求之前。

因此，立榮航空在2003年，率先開辦「金廈一條龍」，一通電話可以搞定船票、機票與所有服務，十足的one-stop service（一次做足的服務）。

此外，立榮還是第一個在假日推行活力裝、第一個開辦VIP室劃位、開放通櫃服務的國內航空公司，也擴大客艙座椅之間的距離，不在意少賺幾張機票錢。

被問及滿不滿意自家服務品質，蘇宏義搖搖頭說，「人的欲望無止境，服務也是無止境的，」雖然今年拿下第一名，但立榮還可以做得更好。

資料來源：林妙玲，《遠見》第245期，2006年11月號。

〈雜誌專訪〉

附錄五　立榮航空全新CIS強化歸屬感　珍愛綠地球

　　為了進一步提升服務品質，2011年，立榮航空宣布購入10架ATR 72-600型全新客機，並預計於今年9月開始陸續加入營運行列；配合新機的導入與公司發展邁入穩健茁壯期，在總裁張榮發的規劃下，立榮航空推出全新企業識別標誌與飛機塗裝，以嶄新風貌，迎向下一個營運里程碑。

機身彩繪
搭配新識別系統所設計的飛機塗裝，機腹以長榮集團綠色為主色，象徵人類最珍貴的綠色地球；上半部白色機身彩繪著橘色與雅綠色交織出的飛揚線條，營造出真誠、親切的活潑氣息，也充分展現立榮航空創新前瞻、靈活彈性的營運特色。

立榮航空呈現全新CIS

　　企業識別更新是整體性、系統性的，舉凡所有涵蓋LOGO及色系的部分，都會根據新的企業識別標誌重新設計並分階段陸續更新，首先進行的是對外的部分，所有與消費者及往來客戶最常接觸到的部分，包括MD-90飛機外觀的塗裝；各場站的軟、硬體設計（包括機場燈箱、櫃檯、登機證、行李及貨物吊牌、識別貼紙等）；機上侍應品（紙杯、濕紙巾等）、機上販售品、企業網站、公司車輛、名片、員工制服、識別證、信封、信紙等

等，其次將陸續更新對內所有的文件表單等等，今年9月引進的ATR全新機隊，也將以全新的面貌與大家見面，敬請期待。

立榮航空全新CIS大剖析

立榮航空全新企業識別標誌除了傳達歸屬長榮集團的企業精神，也代表不論在空中飛行或公司營運規劃上，延續長榮航空飛安絕不妥協、服務永無止盡的理念，持續深耕台灣與亞洲區域航線，提供旅客更優質精緻、便捷安全的飛航服務。

資料來源：黃志偉，《旅報》，第719期，2012年4月2日。

參考文獻

一、書籍報刊

〈以國際水準打造「金廈一條龍」〉，《遠見》，第216期，2004年6月號。

〈立榮不斷地創「心」服務　獲企業策略創新大獎〉，《旅報》，第707期，2012年1月（黃志偉採訪報導）。

〈立榮航空全新CIS強化歸屬感　珍愛綠地球〉，《旅報》，第719期，2012年4月2日（黃志偉撰文）。

〈提早一步看到顧客需求〉，《遠見》，第245期，2006年11月號（林妙玲採訪報導）。

《世界民航雜誌》（*Airways*）。

《長榮集團30周年專刊》。

台灣飛安基金會參加IATA航空保安訓練心得報告。

張有恆（2008）。《航空業經營管理》。台北市：華泰文化。

曾建華（2002）。《風雨華航：華航從間諜公司崛起祕辛》。台北市：壹傳媒。

楊政樺（2010）。《民航法規》。新北市：揚智文化。

蘇宏義（1979）。《空運學原理》。台北市：歐語出版社。

二、法規

民用航空法

民用航空保安管理辦法

民用航空運輸業管理規則

海牙議定書

航空人員檢定給證管理規則

航空器飛航作業管理規則（自104年後之各次修正重點）

航空器登記規則

航空產品與其各項裝備及零組件維修管理規則

國際民用航空公約（芝加哥公約）

國際安檢法規ICAO第17號附約

三、其他

工業標準文件SAE ARP 4049 Cargo Restraint on Aircraft Passenger Seats-Main
　　Passenger Cabin，提供乘客座椅上載貨基本建議。

全球航空公司代碼（可上IATA及ICAO網站查閱）

全球航線與航班數（可上網查）

來台營運的航空公司及其2位代碼（可上網查）

波音公司（Boeing）於2020年3月20日發布之Multi Operator Message MOM-
　　MOM-20-0239-02B有關乘客座椅上載貨之建議。

維基百科網站

Airbus FOT: ATA 03,25,26,50 CARGO TRANSPORTATION IN THE CABIN。

EASA Certification Memorandum CM-CS-003 issue 01，要求需以特殊條件及補充
　　型別檢定方式（STC）檢定乘客座椅上之載貨袋。

FAA AC20-42D Hand Fire Extinguishers for use in Aircraft。

FAA FAR 121.285有關客艙儲物空間之相關規定。

IATA 2020/4/2發布Guidance for Safe Transport of Cargo in passenger cabin 第一版

IATA Guidance for Safe Transport of Cargo in Passenger Cabin Ed 1, 2 Apr. 2020。

後 記

　　拙著的再版，首先要感謝長榮航空公司林寶水董事長、長榮國際公司戴錦銓總經理的支持，長汎旅行社董事長陳憲弘及《經濟日報》副總編輯陳佷任的重點建議，與高雄科技大學陳景義老師有關民航法規的提醒。

　　感謝交通部航政司司長何淑萍、民航局副局長林俊良，長榮集團發言人陳耀銘，長榮國際公司公共關係部協理李應悌、經理陳麗萍，長榮文化事業部陳佩玓經理，長榮航空公司航行本部航行管理部陳戴男經理，長榮航勤公司人事室張祖俊協理，立榮航空公司楊嘉明協理、陳永裕協理的資料提供，每位都是本書得以順利完成的功臣，我要在此一一向們你們深深一鞠躬，感謝你們！

　　最後，感謝揚智文化事業股份有限公司閻總編輯的厚愛，推動本書的修正再版，以及在長榮航空的兒子提供勞資爭議的訊息和電腦的協助。

國家圖書館出版品預行編目（CIP）資料

航空運輸實務 = The practice of air transport
management / 蘇宏義著. -- 二版. -- 新北
市：揚智文化事業股份有限公司, 2022.05
面； 公分.--（觀光旅運系列）

ISBN 978-986-298-395-9(平裝)

1.CST: 航空運輸 2.CST: 航空運輸管理

557.94   111006089

觀光旅運系列

航空運輸實務

作　　者／蘇宏義
出 版 者／揚智文化事業股份有限公司
發 行 人／葉忠賢
總 編 輯／閻富萍
特約執編／鄭美珠
地　　址／新北市深坑區北深路三段 258 號 8 樓
電　　話／(02)8662-6826
傳　　真／(02)2664-7633
網　　址／http://www.ycrc.com.tw
 E-mail ／ service@ycrc.com.tw
 I S B N ／ 978-986-298-395-9
初版一刷／2015 年 5 月
二版一刷／2022 年 5 月
定　　價／新台幣 350 元